U0893099

世图心理

博客：http://blog.sina.com.cn/bjwpcpsy
微博：http://weibo.com/wpcpsy

A Secure base

安全基地

依恋关系的起源

[英]约翰·鲍尔比（John Bowlby） 著
余萍 刘若楠 译 施琪嘉 审校

世界图书出版公司
北京·广州·上海·西安

图书在版编目（CIP）数据

安全基地：依恋关系的起源 /（英）约翰·鲍尔比（John Bowlby）著；余萍，刘若楠译 .—北京：世界图书出版有限公司北京分公司，2020.11（2024.7重印）
书名原文：A secure base
ISBN 978-7-5192-3732-5

Ⅰ.①安… Ⅱ.①约… ②余… ③刘… Ⅲ.①婴幼儿心理学－通俗读物 Ⅳ.① B844.12-49

中国版本图书馆 CIP 数据核字（2017）第 227268 号

A Secure Base by John Bowlby.
ISBN 13: 978-0-415-35527-8
ISBN 10: 0-415-35527-3

书　　名　安全基地：依恋关系的起源
ANQUAN JIDI

著　　者　［英］约翰·鲍尔比（John Bowlby）
译　　者　余　萍　刘若楠
责任编辑　李晓庆
装帧设计　刘　岩　黑白熊

出版发行　世界图书出版有限公司北京分公司
地　　址　北京市东城区朝内大街 137 号
邮　　编　100010
电　　话　010-64038355（发行）　64037380（客服）　64033507（总编室）
网　　址　http://www.wpcbj.com.cn
邮　　箱　wpcbjst@vip.163.com
销　　售　新华书店
印　　刷　三河市国英印务有限公司
开　　本　880mm × 1230mm　1/32
印　　张　7.5
字　　数　170 千字
版　　次　2017 年 10 月第 1 版
印　　次　2024 年 7 月第 6 次印刷
版权登记　01-2015-0570
国际书号　ISBN 978-7-5192-3732-5
定　　价　49.00 元

致玛丽·安斯沃思

序一

一位七个月大的男孩在母亲的鼓励下，在床上努力地爬向母亲所在的地方。每当他快接近母亲时，在一旁观看的父亲就会一把把他举起来，放回原来的地方。孩子没有哭，继续看着母亲，努力地爬。中途他似乎爬得有些累，一头倒在床上，歪头看着父亲，似乎是在寻求他的帮助。母亲上前去抚慰孩子，父亲再一次把孩子抱走，孩子仍然没哭。后来父亲把孩子抱起，举高，如此反复。以上所述来自一段教学录像。观看录像的学员很多都表示这个父亲把孩子当成了玩物。值得一提的是，发言的都是女学员。

约翰·鲍尔比所著的《情感纽带的建立与破裂》《安全基地》等一系列书的出版是一件大事。最近在《中国新闻周刊》登出的一篇报道中，国家卫计委负责人谈到，我国近几十年的GDP呈几何级数增长，而在母亲如何当母亲的教育上投资为零！这是一个好的现象，说明国家开始重视如何教育母亲养育孩子。在“做母亲”这件事上，虽然母亲没有直接经验，却不乏间接经验，比如潘光旦在20世纪40年代所写的一篇文章《新母教》（见《潘光旦文集》），就是写如何教母亲做母亲的。

我在本文开头对录像内容的描述中隐含了一个话题，那就是父亲的角色也很重要，这一点也是鲍尔比在本书中所述的话题之一。鲍尔比不认同弗洛伊德的死亡本能概念。他认为，我们不可一概用死亡本能来解释孩子表现出的消极行为。父母给孩子提供的养育环境在很大程度上影响了孩子的表现。母亲应该尽量陪伴在孩子身边，和孩子一起互动，而父亲不应该一味去“阉割”孩子，而应该多给予孩子鼓励和肯定。

我们可以从本文开头对录像内容的描述中看出父亲和母亲在养育孩子方面的差别，母亲倾向于接纳孩子，害怕孩子失败，而父亲倾向于鼓励孩子探险，承受挫折。我认为，最重要的是父亲和母亲都要在孩子身边。

在开头那段录像观察中，我还想请大家注意一个现象，那就是父亲的“托举”。巴林特曾经把具有一定危险性、会让个体产生暂时失控感后又复归安全的活动描述为震颤活动。父亲的“托举”对于孩子来说就是一种震颤活动。当父亲把孩子高高举过头顶，母亲一般会在一旁非常担心地看着，孩子则会兴奋地尖叫，要求再来一次。这种不同的陪伴态度塑造了孩子不同的品质，让他同时拥有了女性的细腻和男性的阳刚。

鲍尔比把这种对婴儿的观察应用于治疗中，他认为治疗效果并不取决于治疗师做得多么好，而取决于治疗师和来访者共同建立的关系的质量。

一位病人曾经和我建立了一段长期的治疗关系。一次，她气冲冲地来见我，说她对女儿很失望，因为女儿没有达到她的要求，走路噼里啪啦的，说话声音也很大。我问她怎么看起来气冲冲的。她愣了一下，然后对我说，自己就是气冲冲的。沉默了一段时间后，她说她其实是对我气冲冲的。我让她接着说。她说，有些想法怕自己说了后我会把她转介给别的治疗师，于是选择不说，憋在心里，憋出了“火气”，所以转嫁到了女儿身上。

就这个话题我们谈了一个月，再回到这个话题时，她说现在自己很高兴，很轻松，就是觉得有些话可以讲，不会产生多么严重的后果，有些事可以做，天不会因此塌下来，有些人可以得罪，两个人的关系也不会因此坏到哪里去。

杰里米的评论很有意思，他说鲍尔比的长寿使他能见证玛丽·安斯沃思对他理论的巨大贡献。玛丽·安斯沃思数年前来过中国，专讲心智化，其中一个细节让我很钦佩，那就是她找出以前的录像仔细看，进而发现了紊乱型的依恋关系。这种关系的外在表现通常很细微，转瞬即逝，比如孩子捂嘴的动作或者突然跌倒的行为。其实，对于特别小的婴儿，成人在一旁静静地观察远比直接去评论和干预他或她的行为更为恰当。现实生活中，太多自以为是的父母却往往帮孩子做决定和替孩子思考。

读鲍尔比的书还能学会一种方法，那就是观察法。作为父母，在开口或采取行动前，最好先观察。下面这个例子可以说明父母这样做的好处。一个孩子头撞在桌子角上咧嘴要哭，他的母亲立即扑过去，大声地问孩子撞疼没，摔着没。作为对母亲的回应，孩子开始哇哇大哭起来。试想一下，如果母亲看到孩子咧嘴时，反应不那么快，而是观察一下孩子的反应，她很可能会发现，孩子会继续他的游戏。

在对一名男婴、一名女婴为期一年的观察中，我发现一个有趣的现象，那就是母亲也希望加入讨论组，看看老师怎么讲，同学怎么反应。这两位母亲都是我的学生，她们自愿加入这个为期一年的网络母婴观察项目。我准许她们进入讨论组后不久，她们都自动退出，因为群里的其他母亲每次都会挑出她们做得不够好的地方，横加指责。是的，每次!

可怜天下父母心！为人父母，要承受孩子投射过来的愤怒，还要承受众人投射过来的不满（当然，众人的不满可能来自他们对自己父母的不满）。

读鲍尔比的书不仅能让我们更好地去行使父母的职能，还可以使自己不那么焦虑、内疚和自责。父母不是天生的，现学现用，活学活用，从来都不晚！

施琪嘉

武汉心理卫生研究所所长

德中心理治疗研究院主席

序二

《情感纽带的建立与破裂》和《安全基地：依恋关系的起源》是鲍尔比的两本演讲集。这种出书的方式对我还是挺有参考意义的，特别适合像我这种不喜欢专门腾出时间写书的人。我常年针对家长群体开展讲座，以后可以参考这种方式出书。

约翰·鲍尔比的《情感纽带的建立与破裂》和《安全基地：依恋关系的起源》这两本书可以被看作“依恋三部曲”的前世和今生。因为我之前曾组织翻译鲍尔比的“依恋三部曲”，所以在看这两本书时感觉特别熟悉。“依恋三部曲”是在《情感纽带的建立与破裂》的基础上重新组织、扩展而来的，而《安全基地：依恋关系的起源》则是对“依恋三部曲”的进一步说明与更新。

鲍尔比试图说服精神分析领域的人接受依恋理论，所以他在这两本书中不断提及精神分析，同时会在一些关键的地方指出精神分析的不足。他一边想表达自己整体上是接纳精神分析的，对经典精神分析是认同的，一边又想表达经典精神分析侧重的是回顾性研究，而他的依恋研究更具有前瞻性、实证性和科学性，企图在某种程度上修正精神分析。他认为自己的理论是对精神分析的发展，而不是独立于精神分析。

事实上，一个理论的推广很可能会受到一些阻碍。在精神分析领域，鲍尔比的依恋理论并没有受到欢迎。在我看来，发展心理学家比精神分析学家更快接受了依恋理论，依恋理论在发展心理学领域的影响要远高于在精神分析领域的影响。

在本书的序言中，理查德·鲍尔比写道，依恋理论的推广工作并不是很顺利。我猜想部分原因是精神分析本身有一个独特的运作系统，任何可能撼动这个系统的理论都会遇到这个系统不自觉的抵抗。当年精神分析在全行业内已成为不可撼动的基石，依恋理论这块“他山之石”若想在精神分析领域占有一席之地，势必会遇到困难。对于我们中国读者来说，这也许构不成问题，因为精神分析和依恋理论对我们来说都是舶来品，我们的思维中并没有某些定势、偏向。

我想从另一个角度来解释为什么约翰·鲍尔比的儿子会说依恋理论的推广工作并不顺利。回顾家庭治疗的发展史，我们可以发现，很多著名的家庭治疗师最早都是来自精神分析领域。最初，他们只能偷偷从事家庭治疗工作，因为家庭治疗并不被正统的精神分析所认可。这和在精神分析领域推广依恋理论时遇到的情况相似。经典精神分析理论并不强调分析真实的父母，而强调分析病人头脑中那个内化的父母。家庭治疗对真实父母的分析在很大程度上挑战了精神分析的理论和实践。

在促使儿童形成安全型依恋模式的过程中，母亲的作用尤为重要。这个母亲可以是生物学意义上的母亲，也可以是行使母亲职责的其他人物。这也在某种程度上提升了母亲的焦虑水平。相关研究并没有教会母亲怎样成为足够好的母亲，只会警示问题母亲对孩子的不良影响。

事实上，对于中国的女性来说，成为好母亲并不仅仅是改变自己的行为模式的问题，还需要社会给予大量支持。在一些难以理解的社会问题发生后，我们常常把帽子扣在当事人的母亲身上，认为当前的问题是家教不好种下的祸根。我认为，在目前的社会大环境下，母亲受到的伤害是系统性的。

首先是重男轻女文化。很多女孩子在早年被抚养的过程中就是一个备受伤害的对象，在关键时刻会被牺牲掉。没有被善待的女性很难真正善待自己的孩子。或许曾经最好地对抗过重男轻女文化的就是独生子女政策，因为无论孩子是男是女，家庭都不得不爱这个孩子。在我看来，要改变中国重男轻女的文化任重道远。

其次是我国的法律对育儿女性的保护几乎是没有的。依恋模式的形成一般在两岁前，这个时期婴幼儿最需要母亲的照顾。我认为母亲全职陪孩子对孩子的影响是最好的，但是我从来不会建议女性做这样的选择，因为这种建议很可能会让女性陷入悲惨的境地。从法律角度来看，女性为家庭付出的隐性劳动——比如育儿——是没有价值的。如果离婚，孩子更可能会被判给经济能力更强的男性。事实上，男女在争夺孩子抚养权的时候更像是在进行一场经济上的竞争。因此作为全职母亲陪孩子，对很多女性来说是一场输不起的赌博。总之，我国法律在保护成为母亲的女性的权益方面存在的不足，在某种程度上也使得女性无法在儿童需要时为其提供安全的港湾。

最后是中国家庭边界的缺失。结婚就是形成一个新家庭，但是在中国文化下，“小家”很难从“大家”中独立出来。很多女性保不住自己的家庭边界，被迫卷入其丈夫的原生家庭，也就是“大家”当中。我们的文化鼓励四世同堂，男人往往不离开自己的原生家庭，他们结婚是换了一个娘——新娘，他们还是被照顾的男童，而不是一个可以保护妻子的男人，所以我们在中国的神话故事中几乎看不到男人去救妻子。我们看到的是儿子救母亲的故事，比如《宝莲灯》《白蛇传》。女性期待拯救自己的是她们的儿子。这是中国女性的集体无意识。母子共生是我们的文化所鼓励的，而在精神分析中，无法分离是一种病。母子共生是有排他性的，表现为男性和母亲一起排挤自己的妻子。当女性进入男性的家族时，便进入了一种失保护状态。在无法保护自己的家庭边界的情况下，已婚女性常常会陷入深深的抑郁。她们承受的既有来自原生家庭的痛，还有来自新家庭的痛。期待这些女性在自己的孩子有需求的时候还能保持良好的心态，就有些强人所难了。这些女性在有愤怒的时候更可能指向自己的孩子，因为对她们来说，伤害孩子是最安全的。

总之，在我看来，让越来越多的母亲能够成为孩子的安全基地，需要家庭、政府、社会协同努力。每一个被善待的女童更可能在未来成为一个合格的母亲。完善的法律将能够为母亲提供强有力的保障。提高全社会尊重家庭边界的意识将能够缓解母亲的焦虑和抑郁。

我想谈的另一个话题是家庭暴力。我的研究生做的研究或多或少都会涉及家庭暴力的问题。在家庭中，丈夫对妻子施暴，妻子转向孩子施暴，是很常见的情况。夫妻间的暴力和父母针对孩子的暴力，都会极大地降低孩子的安全感。

《安全基地：依恋关系的起源》的一个章节是关于家庭暴力的。鲍尔比在文中指出了哪些人更有可能施虐，他们早年的依恋关系是怎样的。令我印象深刻的是，鲍尔比指出，很多施虐者在原生家庭中都是受虐者。施虐有着代际传递的特点。鲍尔比认为，要打破这种代际传递，我们需要授之以鱼，进而实现授之以渔，也就是先要让那些施虐的父母体验被悉心养育的感觉，使其内化为自己的经验，从而产生养育的能力。

网瘾问题在青少年中间很普遍。当孩子出现网瘾时，一些父母往往会把他们送到网瘾训练营，有些甚至被不慎虐待致死。尽管这些父母没有直接对孩子施虐，但他们对孩子做出了形同抛弃的行为。鲍尔比在两本书中都阐述了父母抛弃孩子或威胁抛弃孩子对孩子造成的心理创伤。那些被送到网瘾训练营的孩子，即使身体没有受到伤害，心理也会因被父母背叛和抛弃产生创伤。

我在从事儿童工作的时候，最先处理的就是针对儿童的暴力。父母对孩子施暴的原因很多：觉得打了孩子才能让孩子“长记性”；对配偶有潜在的不满，通过攻击孩子来表达这种不满；对外界不会表达愤怒，于是迁怒孩子。这些行为模式都有代际传递的特点，我在咨询中会对不同情况进行不同处理。

我并不认为心理咨询可以解决一切问题。曾经有一个美国家庭治疗师对我说，他在婚姻咨询中一般会劝和，只有一种情况会劝离，那就是家庭暴力。心理咨询不是万能的。在施虐者的行为模式无法改变的情况下，受虐者及时止损、结束婚姻也许才是最优的选择。但是在缺乏有力的社会支持的情况下，受虐者断然离开施虐者，可能会促使施暴者做出疯狂的行为，比如杀死受虐者。我想建议现在未婚的女性，在婚前一定要学会识人。很多女性在婚前是能够察觉到配偶身上的一些危险迹象的，但是她们常常认为自己可以成为配偶的拯救者，结果婚后陷入不幸当中。

我想再来谈一下针对儿童的暴力。来我咨询室的施暴家长很多是愿意改变的，但是也有一些不认为施暴是一个问题的家长。当儿童处于危险之中时，相关政府部门应该及时做出强制性的干预，剥夺父母对孩子的抚养权，而不是简单教育一下父母后，把受虐儿童重新送回施虐父母的手中。儿童的利益是排在第一位的，他们需要父母的照顾。如果一些儿童的父母无法成为合格的父母，那么我们就应该给他们找替代性的父母。

曾经有学生问我，如果早年建立的依恋模式不好，是不是就没办法改变了？我说不是这样的。即便我们早年建立的依恋模式存在问题，后天也还会有很多更正的机会。我以前的一个来访者就说过，她大学毕业刚工作时认识的领导人很好，她觉得自己和领导建立的关系对她有一定的治愈作用。事实上，在成长过程中，老师、邻居、朋友等人对我们的善意之举都会在一定程度上疗愈我们。我强烈建议早年和父母建立的依恋关系不好的读者，在成为父母前先观察会养育孩子的人是如何和孩子相处的，内化这种健康的养育方式，以替代留存在自己潜意识中的不良养育方式。在婚恋之前，最好做一下心理咨询，治疗一下早年的创伤。当然，如果不喜欢做心理咨询，也可以加入一些支持性的团体，从团体中获得支持。

最后我要谈一下榜样的力量。我记得自己在十几年前给学生讲课，课后我留给学生的作业是：采访父母如何感知自己在青春期的变化。令我印象深刻的是一个女生交上来的作业。她写得非常流畅和温馨，可以看出她和母亲的关系非常好。她说自己什么都可以和母亲谈，同学都非常羡慕她与母亲的关系。她的同学中肯定有一些和父母依恋关系不好的，对于这些同学来说，她便是一个很好的榜样。

我再举一个案例。一位英国的家庭治疗师会同时给好几个家庭做家庭治疗，他最有创意的地方是他会邀请几个家庭中做得最好的留下来参与后续的家庭治疗。对于这个家庭，他不再收费，反而会付些费用给他们。他希望这个家庭成为其他家庭的榜样，因为他认为，说教有时很难教会一个家庭如何互动才是合理的，而好的榜样则能够促发他们不自觉地学习。

总而言之，培养安全的依恋模式是一个系统的工程，有赖于各方的努力。我希望我们的社会能越来越善待儿童，尤其是女童，因为她们是未来的母亲。同时，我希望我们的社会能够保护那些已成为母亲的女性，给她们提供安全的生存环境，因为有安全感的母亲才能养育有安全感的孩子。

易春丽

北京大学心理与认知科学院讲师

劳特利奇出版社经典版的序言

1988年，约翰·鲍尔比81岁时，《安全基地》一书出版。尽管他此后还撰写了一本书——《达尔文传记》，但是本书却是他对依恋理论最后的贡献。依恋理论是约翰·鲍尔比在玛丽·安斯沃思的帮助下创建的，至今已有半个世纪。因此，《安全基地》具有告别的意义，是对他一生工作的总结，也是对下一代的依恋研究者和临床医生们的“交接”。

在这本书里，你会发现很多鲍尔比式的主题，理论性的、病原学的、方法论的、临床性的、政治性的。他重申了其理论的概念性基石：依恋行为反应的首要性以及它对于防止被掠夺的意义，作为心理健康基础的敏感照顾，以及依恋对个体持续一生的影响。他强调了现实逆境（遭受情感剥夺、没有机会对离世的亲人进行哀悼、被拒绝、模糊、被忽视、被身体虐待）而非公认的诸如“死本能”的内在精神体（endo-psychic ）在引发精神疾病中扮演的角色。

在方法上，他强调对父母和儿童进行系统的科学观察的重要性，而非对他们在躺椅上吐露的心声进行推测。在临床上，他认为治疗师给病人提供了一个安全基地，一个可以让他们自由流畅地表达情感——这是那些拥有安全依恋的人的特点——的跳板。

最后是鲍尔比的社会哲学的基础，即致力于培养出健康、快乐、自食其力的孩子的努力是没有意义的，我们创造了一个颠倒的世界。

在过去的25年中，我们看到人们对依恋理论的兴趣呈爆炸式增长。1999年卡西迪和谢弗出版的《依恋手册》可以说是一本里程碑式的著作。在书中，卡西迪和谢弗对鲍尔比和安斯沃思的工作进行了总结。因为他们两人的努力，依恋理论这棵小树已经长成了有关发展、应用、理论的一片大森林。在这篇序言中，我将说明自本书首次出版后依恋理论的新进展，主要包括三个方面：父亲在孩子发展安全型依恋中扮演的角色；心智化和心智理论；心理治疗对于人际关系的意义。

对父亲的依恋。鲍尔比认为，在谈到提供一个安全基地时，母亲和父亲都很重要。依恋的安全性（the security of attachment）是一种人际互动现象，而不是关于儿童天生气质的简单问题。这一观点的要点是：同一类孩子在陌生情境实验中可以和父母中的一方形成安全依恋，而和另一方形成的却是不安全依恋。然而，依恋理论，无论在研究中还是在临床指导上，都有一种以母亲为中心的倾向。想要明确父亲在孩子形成安全依恋中所起的作用并不容易。

一些研究（Grossman，Grossman & Zimmerman，1999；Grossman，Grossman & Zindler，2005）令这一主题变得清楚起来。当鲍尔比在20世纪80年代写下构成此书的论文和演讲稿时，关于依恋现象的纵向研究正处于初级阶段。直至我写这篇序言时，在过去的20年中，我们已经拥有了大量针对依恋的安全性、父母的敏感度、探索、关系竞争以及贯穿儿童期的心理表征这些变量开展的前瞻性研究的数据。这些都可以为关于成年早期的依恋倾向的研究提供参考。

这些研究表明，父亲对于孩子在成年期形成安全、稳定、具有探索性、和谐以及流畅的依恋倾向来说是非常重要的。然而，父亲对于孩子保持心理健康的作用并不是主要由依恋的安全性调节的。确切地说，父亲的作用主要表现在探索维度上（另一个维度是依恋），并且通常是由“SCIP”情境测试（Grossman，Grossman & Zindler，2005）判定的。在“SCIP”情境测试中，研究者会通过一个为时10分钟的游戏观察和评估父母是如何与孩子进行互动的。

一般说来，父母双方在依恋多个维度上的得分要比父母一方的得分更能预测孩子在成年期的依恋表征的安全性或不安全性。然而，关键维度——成人对刺激做出混乱的、情绪性的、无序的反应——与父亲在孩子的童年中期对孩子的拒绝和不敏感有很大关系。因此，似乎是足够好的父亲帮助孩子发展出了清晰的思维，以及处理负性情绪的能力。

和母亲一样，父亲也需要对孩子保持敏感，但在形式上表现为表扬、鼓励孩子，对孩子总是保持积极乐观的态度。当父亲帮助孩子去面对好奇—谨慎的冲突时，这种具有保护性和挑战性、对孩子说“你行”的父亲，与古典精神分析中的阉割形象截然不同。阉割形象可能更适用于描述那些不敏感的、无法抓住依恋理论核心——孩子的成就总是以安全依恋为基础的——的父亲。

心智化和心智理论。鲍尔比的长寿让他足以赞叹玛丽·梅因对依恋理论做出的巨大贡献，尤其是她对成人依恋访谈（Hesse，1999）的发展。他引用了已经被其他人证实的玛丽·梅因的发现，即在成人依恋访谈中表现出不安全性的母亲更倾向于拥有在陌生情境测试中表现出不安全型依恋的孩子。他用心理防御理论来解释不安全型依恋，认为它有利于个体的生存。但同时，他也认为不安全型依恋会限制个体处理不良体验的可能性。

早期工作中的一项重大发现是：成人依恋访谈中的“反射

性功能”（Fonagy et al.，2002）似乎是一个保护性因子，使得个体即使体验过诸如父母离异、丧亲、被忽视和虐待的不良童年经历，内心仍能够感到安全，并且能够给下一代提供安全感。简单来说，有能力“诉说”童年的创伤经历缓和了童年的创伤经历对个体的长期负性影响。“反射性功能”可以被视为将内部心理表征具体化的能力。

福纳吉等人（Fonagy，Gergely，Jurist & Target，2002；Bateman & Fonagy，2004）用“心智化”这一概念拓展了早期的发现。他们借鉴了传统的“心智理论”，认为存在一些能让婴儿认识到他们自身以及身边的人拥有“心智”——例如能够描述这个世界，可以做出计划、拥有信念、表达愿望——的发展过程。心智化能让我们区分什么是现实，什么是我们对现实的看法，同时让我们了解到不同的人以不同的方式看待这个世界这一事实。心智化可以被看作鲍尔比内在工作模型观点的一个扩展，它是反自恋的。福纳吉等人认为，与他人进行社会互动的重要组成部分，包括了在不协调的变迁、联盟破裂、镜映失败下生存的能力，这种失败是“足够好的父母教养”，甚至是“不够好的父母教养”中的正常部分。

这一系列观点反映出依恋的进化意义。鲍尔比认为，依恋让我们免于被掠夺。福纳吉等人（Fonagy et al.，2002）认为依恋促成的情绪和身体上的接近（proximity）让婴儿有能力去理解他们自己和他们身边的人。安全型依恋让我们能够“读懂”自己和他人。最近的心理病理学研究开始关注促进心智化发展的过程，比如母亲和孩子之间的镜映，在现实和虚假之间划清界限。这些研究表明，不安全的依恋，特别是矛盾型依恋（Holmes，2004），很有可能是成人期出现人格障碍尤其是边缘型人格障碍（鲍尔比在这本书中用经典的精神分析术语“假性自体”、分裂样人格、病理性自恋来描述它）的一个诱因（Bateman & Fonagy，2004）。

心理治疗的人际方面。鲍尔比通常会强调安全型的养育和好的心理治疗之间的关系（见第八章）。他认为真实创伤而非幻想是精神障碍中的致病因素，并且认为我们应该强调治疗师在帮助病人探索自我的过程中作为陪伴者的角色，而非解释者的角色。

显然，鲍尔比可以为他的病人、同事、学生提供一个安全基地，他激发了他们的仰慕之情。他的作品以及生平故事尽显他平衡母性关怀和父性关怀的能力。在此，我“撤回”早期（Holmes，1993）对他不准确、不中肯的草率评价。然而，他可能无法理解，对于某些治疗师来说，拥有这样的能力是多么困难。最近的研究开始梳理治疗师和病人分别之于治疗的作用。这些研究表明，治疗的效果，或者最终的结果，并不是治疗师或病人某一方单独促成的，而是两人的互动和“匹配”所带来的。多齐尔等人（Dozier et al.，1999）通过研究治疗师和病人的依恋类型，发现不安全型依恋的治疗师倾向于强化病人的不安全型依恋模式，导致他们出现依恋行为减退和情感失调。相反，安全型依恋的治疗师会矫正回避和先占之间的平衡，把他的病人推向更安全的依恋类型。

戴蒙德等人（Diamond et al.，2003）将成人依恋访谈引入治疗关系中，创建了病人—治疗师成人依恋访谈。在访谈中，研究者要求治疗师和病人对彼此进行描述，并回答为什么他们以某种特定的方式来思考对方的行为。在对访谈的结果进行转录和评估后，戴蒙德等人得到了一些有趣的发现。

第一，正如预期那样，“反射性功能”提升了治疗的过程。第二，当治疗师和病人在病人—治疗师成人依恋访谈上的各自得分相差不多时，似乎会导向好的结果。治疗师和病人之间需要一定的距离，但这个距离不能太远，因为有效的治疗不应太舒适，也不应该太苦涩。第三，病人不同，治疗师的反射性功能也不同。每一对治疗师和病人都会营造出特殊的依恋氛围，表现出他们特殊的心智化能力。

所有这些都暗示照顾者和受照顾者——无论是父母和孩

子，还是治疗师和病人——之间存在比鲍尔比在本书最后一章所提到的建议更为复杂和动态的关系。追踪这种关系的变迁对希望实践和传授自身技巧的发展心理学家、心理治疗研究者和治疗师们来说是一个艰巨的任务。鲍尔比是一位出类拔萃的折中主义者。他在整合不同学科——精神分析、认知科学、儿童发展、行为学、控制论——上有令人称道的能力，他能把它们揉成一个连贯的故事。

这种折中主义对某些人来说很有吸引力，但对那些寻求只存在一个“上帝”的真理的临床医生来说，它却是令人不悦的。为了让关于依恋的研究走得更远，我们就必须付出整合的努力，整合来自神经生物学、神经影像学、语言学、生态学、关于复杂系统的数学（如混沌理论）的观点。创造这样具有创造力的联系是未来的一项任务，是鲍尔比乐于称赞和不想错过的任务。

杰里米·霍姆斯

前言

1979年，我将之前二十年间针对不同听众所做的演讲的讲稿整理成书，以《情感纽带的建立与破裂》为题出版。后来，我又收集了随后的演讲稿，整理成了本书。其中前五章都是在特定场合针对特定听众所做的演讲。最后三章则是针对欧洲和美国心理健康行业的从业者所做的即兴演讲。此前，我曾提到最好能以某种接近最初的演讲稿的形式出版这些讲稿。

由于依恋理论是我每一次演讲的基础，因此为了避免过度重复，在编写本书时有必要进行一些删减。通过用不同的内容来陈述相同的观点，我希望能够阐明并强调该理论的区别性特征。

尽管依恋理论是临床医生为了诊断和治疗个体及家庭的情绪障碍而提出的，但是到目前为止，它主要的用途在于促进发展心理学的研究。同时，尽管这类研究大大促进了我们对人格发展和精神病理学的理解，并且对临床实践具有很大的指导意义，但我还是会对临床医生不去检验该理论的应用感到失望。他们不去检验这一理论的原因有很多。一个原因是这一理论最初使用的数据似乎是关于反常行为的数据。还有一个原因就是临床医生都很忙，他们不情愿花时间去掌握一个新的、陌生的概念性框架，除非他们有充足的理由相信这样做会提升他们的临床理解和治疗技术。对于那些认为有必要去理解这个新理论的人，我希望这本演讲集对他们有所助益。

目录
CONTENTS

第一章 照顾孩子

1980年的前几个月，我在美国做了一些演讲。其中，受芝加哥米歇尔·里斯医院精神科的邀请，我做了一个有关育儿的大会演讲。

一个必不可少的社会角色

我相信，在人类生活的某些时刻，大多数人渴望拥有孩子，并希望孩子们能健康快乐地成长，自力更生。对于那些能够让孩子健康快乐地长大的父母来说，获得的回报是巨大的。但对于那些有孩子却不能让孩子健康快乐地长大的父母来说，他们可能会感到巨大的焦虑、挫败以及羞愧或内疚。因此，为人父母是一场豪赌。另外，成功的养育是保证下一代心理健康的关键，因此我们需要知晓它的本质以及对它产生影响的社会和心理条件。这一主题非常庞大，我只能概述我自己面对那些问题时所采用的方法。这种方法是行为学的一种方法。

然而，在详细讲述这一方法之前，我想先做一些简单的评论。成为成功的父母意味着要付出很多努力。照看孩子是一份每周7天、每天24小时的工作，并且时刻都不能放松。此外，即便孩子慢慢长大，担子会减轻一些，但是父母依然需要为他们的健康成长付出很多时间并给予很多关注。如今，对于许多人来说，这些都是残酷的事实。为孩子付出时间并给予孩子关注是以放弃自己的某些兴趣和活动为代价的。我相信我说的这些绝对不是危言耸听。多项研究（Grinker，1962；Offer，1969）表明，健康、快乐、自力更生的青年人是稳定家庭——在这样的家庭中，父母为孩子付出了大量时间，给予了孩子很多关注——的产物。

与此同时，我还想强调，照顾婴儿和小孩绝不是某一个人的工作。如果孩子的主要照顾者想要把这个工作做好，且不致过度耗竭，那么他或她就需要大量帮助。获取帮助的渠道可能不同，最常见的是来自配偶的帮助，此外还有来自祖母或外祖母的帮助、家里年龄比较大的孩子的帮助、年轻女性的帮助。在大多数社会里，事实如此，且一直如此，社会也依此而运作。讽刺的是，世界上最富裕的社会却忽视了这些基本事实。投身于物质商品生产的人会被计入社会的经济指数中，而在自己家庭中投身于培养健康、快乐、自力更生的孩子的人却不会被计入社会的经济指数中。我们创造了一个完全颠倒的社会。

但是我并不想卷入复杂的政治和经济论战之中。提出这些想法的原因在于，我想提醒各位，按照进化论的原则，我们生存的这个社会不仅是过去的产物，而且是一种非常特殊的产物。因此，我们采用错误标准的可能性非常大。正如那些长期食物短缺的社会将养育达不到正常水平视为常态，一个养育者长期得不到帮助的社会也将缺乏帮助视为常态。

一种行为学的方法

我之前就说过，我在解决有关养育的问题时采用的是一种行为学的方法。接下来，让我来解释一下。

传统观点认为，孩子与母亲之间的关系是一种依赖的关系。在重新审视这一关系时，我们发现把它看作一组特殊的和预设的行为模式的结果是非常有用的。这些行为模式在生命的头几个月内得到发展，促使孩子靠近母性形象（Bowlby, 1969）。到近一岁时，行为开始变得有序，这意味着，在特定条件下，我们的行为变得活跃，在其他条件下，我们的行为又会被抑制。例如，儿童的依恋行为会被令人痛苦、疲倦和害怕的事物所激活，还会被不可接近的母亲所激活。终止行为的条件依依恋行为的强度而变化。在低强度下，看到母亲或听到母亲的声音就足以终止孩子的依恋行为。在高强度下，终止依恋行为可能需要母亲触碰孩子。在最高的强度下，孩子会极度痛苦和焦虑，只有母亲长时间的搂抱才能终止他的依恋行为。这种依恋行为在生物学意义上是保护性的，免于个体被掠夺者侵害。

在给出的例子中，我们关注的是孩子与母亲。然而，这种依恋行为绝不仅限于孩子和母亲。尽管依恋行为通常不太容易被唤起，但是每当青少年或成人处于焦虑或压力之下时，我们还是能在他们身上看到。因此，当一个女人想要一个孩子或是一个照顾年幼孩子的母亲渴望被关怀和支持时，没有人会对这一点感到惊讶。在这些情况下激活的依恋行为可能很普遍，而且被视为常态。[①]

临床上，依恋行为最重要的一个特征就是随之而产生的情绪的强度（取决于依恋者与被依恋者的关系的质量）。如果一切顺利，个体就会感到快乐和安全。如果与被依恋者的情感联结受到了威胁，个体就会感到嫉妒、焦虑和危险。如果情感联结破裂了，个体就会感到悲伤和抑郁。最后，有充分证据表明，如果个体在原生家庭中的经历是良好的，他就能发展出依

---

① 得到丈夫或母亲的照顾的需要，这一点在温纳（Wenner，1996）和巴罗（Ballou，1978）对女性群体的研究中有提到。

恋行为。

我所赞同的这个理论与这个领域的其他理论相比有太多的优势。它不仅借助实证数据，把亲密关系提升到理论高度，而且提供了一个与当代生物学和神经心理学的理论框架相符合的理论框架。

我认为，我们可以借鉴行为学的观点探讨养育问题。这需要观察和描述：有关养育的一系列行为模式；激活和终止这些行为模式的条件；这些行为模式如何随个体的发展而变化；养育行为在不同个体身上变得有序的不同方式；影响这些行为模式发展的个体经历。

在这一方法中隐含的假设是：养育行为，如同依恋行为，在某种程度上是预设的，因此当条件具备时，它就能按照特定的路线发展。这意味着，在通常情况下，父母一方会体验到一种强烈的冲动，并以某种典型的方式表现出来，例如当婴儿哭泣时安抚他、让他感到温暖、保护他、给他喂食。当然，这样的观点并不是暗指恰当的行为模式会自发显现出来。显然，无论在人类身上还是其他哺乳动物身上，都不是这样的。所有的行为细节都是要学习的，其中一些是他们在同婴儿的互动中习得的，大部分是通过观察其他父母的行为习得的。

这种关于行为发展的当代观点同旧的范式——其中一个是

过度强调预设成分的唤醒本能范式，另一个是过度强调学习成分的反本能范式——形成了鲜明对比。人类的养育行为绝对不是某些固定的养育本能的产物，也不是学习的简单产物。在我看来，养育行为有着强大的生物学根源，这解释了为什么它会伴有强烈的情绪体验。养育行为的个体差异取决于我们各自的经历——尤其是儿童期、青春期的经历，结婚前和结婚后的经历以及和小孩在一起时的经历。

因此，我认为把养育行为看作一种有着生物学根源的行为是很有帮助的（依恋行为、性行为、探索行为、进食行为是其他有着生物学根源的行为）。这些行为以特定的方式促进了个体及其后代的生存。这些行为承担了重要功能。从某种程度上来说，它们的确是预设的。单纯依靠学习来促进发展在生物学意义上是极度愚蠢的。

你可能会注意到，我在构建这个理论框架的时候试图将这些行为在概念上区别开来。当然，这跟把这些行为看作单一驱力的不同表现的力比多理论是相反的。区分这些行为的原因有很多。其中之一是以上提到的每种行为都发挥着其特有的生物学功能——保护、繁殖、养育、探索环境。另一个原因是，每类行为所包含的具体行为模式也是有区别的：黏着父母不同于抚慰和安抚孩子；吸吮和咀嚼食物不同于性交。此外，影响这些行为之一的因素不一定会影响其他行为。通过将这些行为在概念上区别开来，我们不仅能够了解它们有哪些不同之处，还能了解它们有哪些相似之处。

母婴互动的开始

在过去的十年里，大西洋两岸研究者们充满创造性的研究极大地拓展了我们对母婴互动早期阶段的理解。克劳斯和柯尼尔的研究如今已为众人所知。他们观察了母亲——在有充分的自由做自己想做的事情时——对新生儿的反应。在克劳斯、特劳斯和柯尼尔（Klaus，Trause & Kennell，1975）的描述中，一位母亲在孩子出生后立即将他抱起，开始用指尖去碰触他的小脸，随后孩子平静下来。她开始用手掌去抚摸他的头和身体。在五六分钟内，她把他放到自己的乳房边上。很长一段时间内，婴儿一直在舔她的乳头。他们注意到，“分娩后，母亲立刻进入到一种狂喜的状态”。自出生的那一刻开始，婴儿就成了周围人注意力的中心。除了父母之外，好像所有人都会被新生儿吸引注意力。只要有机会，母亲会在接下来的几天中花大量的时间注视自己的这个“所有物”，抱着他，试着去理解他。她经常会在某个时刻觉得这个婴儿是自己独有的。某些母亲很早就产生了这种感觉，或许在她第一次抱着他的时候，或许在她第一次看着她的眼睛时。然而，对于许多在医院待产的母亲来说，这种感觉可能会推迟一周——直到再次回到家里——才产生（Robson & Kumar，1980）。

最近的研究焦点是健康新生儿参与社会互动的潜力以及母亲参与其中的潜力。[①]

在母亲和两三周大的婴儿对视时，生动的社会互动阶段和脱离阶段就会交替出现。互动的每一个阶段都是以相互打招呼开始的，婴儿通过挥动手脚来吸引母亲的注意力。然后，婴儿会逐渐平息下来，并转移自己的目光。在整个互动中，婴儿可能会像母亲一样自发地活动。他们的不同之处在于他们做出反应的时机。婴儿倾向于按照他们自身的节律来调整自己的行为，而一位敏感的母亲会根据婴儿的节律来调整自己的行为。另外，母亲会根据孩子的行为模式来调节自己的行为模式：她会发出温和的声音，但是音量会比平时高；她的动作会变慢，并且会根据孩子的行为来做下一步的动作。因此，她会让孩子

① 可参考斯特恩（Stern，1977），桑德（Sander，1977），布雷泽尔顿、克斯洛斯基和梅因（Brazelton，Koslowski & Main，1974），谢弗（Schaffer，1979）的研究。至于精彩的综述，可参见谢弗（Schaffer，1979）和斯特恩（Stern，1985）的文章。温尼科特（Winnicott，1957）曾对怀孕末期的女性的高敏感性——使得她可以适应孩子的需要——进行过说明。

"掌控全局"，并通过她对孩子的及时回应建立起一段对话。

那些对话发展的速度和效率以及彼此的快乐，为被预先适应去加入对话的参与者提供了更为清楚的观点。一方面，母亲做好了适应孩子步调的准备。另一方面，婴儿也逐渐做好了让自己的内在节律适应母亲的干预行为的准备。在一段快乐的伙伴关系中，彼此都在相互适应。

在母亲和孩子的其他交流中也存在类似的交替顺序。例如，在对母亲和婴儿在喂食期间的行为进行观察后，凯（Kaye，1977）发现，母亲倾向于配合婴儿的吸吮和发呆，和婴儿进行互动。在婴儿吸吮时，母亲通常是安静的。在婴儿发呆时，母亲会抚摸婴儿，并和他说话。科利斯和谢弗（Collis & Schaffer，1975）报告了另一项母亲从婴儿（年龄在5—12个月之间）那里获取提示的研究。在研究中，母亲和她的孩子被带到有许多明亮颜色、能够迅速吸引他们注意力的玩具场景中。研究发现：首先，母亲和婴儿通常在同一时间看向同一个东西；其次，在他们看向同一个东西时，几乎总是婴儿领导，母亲跟随。母亲总是密切监控着婴儿对某个玩具的兴趣，与此同时将自己的注意力转向那个玩具。在有了共同兴趣之后，母亲很有可能给玩具命名，向婴儿展示怎么操作玩具。"然后，一种分享经验就产生了，始于婴儿对环境的自发关注，在母亲匹配婴儿的步调中建立。”

谢弗、科利斯和帕森斯（Schaffer，Collis & Parsons，1977）对母亲和处于前语言阶段的孩子之间的口头交流进行了观察。在比较了12个月和24个月大的两组婴儿群体后，谢弗等人发现，两组婴儿轮流“说话”以及避免“抢话”的能力惊人。因此，在语言出现前的很长一段时间内，人类对话的顺序性就已经开始显现了。另有证据表明，在确保由一个“说话者”到另一个“说话者”的平稳过渡中，母亲起到了主要作用。

我之所以举那些例子，在某种程度上是因为我认为这些例子阐释了一些关于养育的基本原则以及被养育者的本质。从这些研究中我们看到，敏感的母亲能够很快适应孩子的节奏，发现什么是他能够接受的反应并做出相应的反应。这样做，不仅会使孩子感到满足，还会让孩子乐于合作。因此，尽管最初孩子的适应能力是有限的，但它并不是完全缺失的。如果可以让孩子按照自身的节律来成长，就会收到很好的成果。安斯沃思等人注意到，在婴儿出生后的第一年，如果母亲对其发出的信号是敏感的，那么他们不仅在第一年的下半年会哭得更少，而且更愿意去满足父母的愿望（Ainsworth et al.，1978）。我们可以斩钉截铁地得出结论，以一种社会合作性的方式发展是所有物种的婴儿的“预设装置”。他们（它们）是否会以这种方式发展，在很大程度上取决于他们受到了父母怎样的对待。

你可能会注意到，这是一个关于人类本性的观点，它不同于西方社会一直以来的观点，并且对我们所继承的临床理论以及实践有诸多影响。当然，它指出了一种非常不同的关于父母角色的论点。

母亲和父亲的作用：相同与不同

到目前为止，我们在例子中提到的父母都指的是母亲一方。这几乎是不可避免的，因为研究者们更容易获得主要由母亲照顾的婴儿被试，而主要由父亲照顾的婴儿少之又少。因此，我想在此简要介绍一下最近一些打破这一常态的研究。

已有几百名婴儿在安斯沃思（Ainsworth et al.，1978）设计的陌生情境测试中得到考察。这一测试让我们有机会观察孩子们在父母在场、父母离开、父母返回时会做出什么反应。通过这些观察，安斯沃思区分了婴儿的两种依恋类型，一种是安全型依恋，一种是不安全型依恋。婴儿的依恋类型在生命的最初几年十分稳定，并且可以预测四岁半到六岁的孩子在幼儿园是如何接触陌生人和应对新任务的（Arend，Gove & Sroufe，1979）。陌生人情境测试作为评估婴儿的社会和情绪发展的方式，其价值毋庸赘言。

到目前为止，几乎所有采用这一方法的研究都只是观察婴儿和母亲。然而，梅因和韦斯顿（Main & Weston，1981）对这一领域的研究进行了拓展。他们观察了60名婴儿和父母中的一方的互动，六个月以后又观察了婴儿和父母中的另一方的互动。首先他们发现，在对观察所得的数据进行平均后，统计分析的结果表明婴儿对父亲的依恋模式非常类似于对母亲的依恋模式。但是在换了一种统计思路，对单一样本进行分析后，他们发现，孩子对父亲和母亲的依恋模式之间并不存在相关。因此，孩子可能同母亲有一种安全的关系，同父亲却没有；孩子可能同父亲有一种安全的关系，同母亲却没有；孩子可能同父母双方都有一种安全的关系；孩子可能同父母亲双方都没有一种安全的关系。在接触陌生人和应对新任务时，同父母双方都有一种安全关系的孩子是最有自信和最能干的，同父母双方都没有一种安全关系的孩子表现得最差，仅同父母一方有一种安全关系的孩子的表现处在中间。

有证据表明，孩子对母亲的依恋模式是母亲对待他的方式的产物（Ainsworth et al.，1978）。同样，他对父亲的依恋模式很可能是父亲对待他的方式的产物。

诸多研究表明，通过给孩子提供一个依恋对象，父亲可能扮演了类似于母亲所扮演的角色（尽管在一般情况下扮演养育角色的大多数是母亲）。在多数有着年幼孩子的家庭中，父亲扮演着一个特殊的角色。相对于母亲而言，父亲更可能和孩子一起从事身体上的活动和玩新奇的游戏。尤其对男孩而言，父亲是最佳的玩伴。①

提供一个安全基地

父母能够为孩子提供一个安全基地，让孩子安心地去探索外面的世界。他知道，那里永远对他敞开。当感到痛苦时，他可以在那里得到平静；当受到惊吓时，他可以在那里得到安抚，使自己的身心得到滋养。这是我关于养育的核心观点。在本质上，这种角色是一种触手可及的角色，父母有必要在孩子需要鼓励或者帮助时无条件地做出回应，积极干预。从某种意义上讲，这个安全基地和军事基地的作用是类似的。一般情况下，在长官的命令下，远征军从军事基地出发，遇到障碍时撤回军事基地。大多数时候，基地的作用只是等待，但仍然非常重要。因为只有当基地存在、长官还能发号施令时，远征军才会感到自信，才敢进军与冒险。

---

① 可参考兰姆（Lamb，1977），帕克（Parke，1979），克拉克·斯图尔特（Clarke-Stewart，1978）和马基（Mackev，1979）的研究。

在对儿童和青少年的观察中，我们发现，随着他们逐渐长大，他们便朝着离安全基地更远的地方去冒险，且冒险的时间会不断增加。他们的基地越安全、对他们的需求反应越及时，他们就会愈发自信。一旦父母一方生病或死亡，基地在保证儿童、青少年、青年情绪平衡方面的巨大作用就会立刻显现出来。综合一些研究来看，我发现，那些情绪稳定、能够把握机会的被试的父母总是会鼓励他们的自主性、及时回应他们的需求。

我认为，除非父母对孩子的依恋行为有本能的理解和尊重，同时把它看作人性本质的、有价值的部分，否则没有父母能给他们日益成长的孩子提供一个安全基地。这正是使用“依赖”这一传统术语的有害之处。“依赖”经常被看作一种负性评价，并被视为一种仅仅是早年的、应该趁早改掉的特质。我们经常可以在临床领域发现，个体在成人阶段呈现的依恋行为常常被视为退行的表现。我认为这是一种极其错误的认识。

在对养育的讨论中，我把焦点放在父母为孩子提供安全基地的重要性上，这是因为尽管人们意识到了这一点，但它并没有被概念化。当然，父母还要扮演许多其他角色。其中之一是：采用某些技巧影响孩子行为。尽管采用的一些技巧有一定的限制性，另一些带有惩戒性，但是除此之外的大多数技巧都是鼓励性的，例如：引导孩子注意某个玩具或者环境中的其他信息，在他不能独自解决的难题前给他一点提示。显然，不同的父母使用的技巧各不相同——有的父母主要采用鼓励性的技巧，有的父母则主要采用惩戒性的技巧。谢弗和克鲁克（Schaffer & Crook，1979）在苏格兰对父母照顾幼儿时采用的技巧进行了考察。

促进或阻碍良好亲子互动模式的条件

在这篇演讲中，我的目的在于描述父母对待孩子的行为方式。幸运的是，对于许多能够在与孩子的互动中感到愉悦和有所收获的父母来说，这些行为大多数都是自发的。但是很明显，即使当社会和经济条件都令人满意时，那种令人满意的亲子互动模式也并不一定会出现。因此，我们不妨在此考虑一下促进或阻碍良好亲子互动模式出现的心理条件。

我曾多次提到敏感的母亲。她们同孩子非常合拍，会对孩子做出恰当的回应，能够监控自己的行为对孩子的影响并做出相应的调整。毫无疑问，同样的描述也适用于敏感的父亲。显然，父母要以这种方式行事，充足的时间和放松的环境是必不可少的。这正是父母——尤其是在孩子出生头几个月或几年里承担主要养育责任的母亲——需要获得帮助的的地方（不仅包括照顾婴儿，也包括处理家庭琐事）。

一位在南太平洋的某个小岛上工作的人类学家朋友发现，在孩子出生后，母亲的两个女性亲属会来到她家照顾她整整一个月，让她能自由地照顾孩子。我的朋友对这种人性化的安排是如此印象深刻，以至于当她自己的孩子在岛上出生时，她也接受了这种“VIP”待遇的照顾。此外，一位投机的女性同伴还会为母亲提供情感支持，或者用我的术语来讲，给她提供一个安全基地。在几乎所有的社会中，这种人性化的安排应该成为一个规则。确实，在人类学家研究的150种文化中，除了1种文化外，一位家庭成员或朋友——通常是女性——会在母亲生产前后陪在她身边，给她帮助（Raphael，1966）。

克劳斯和柯尼尔的研究团队在危地马拉一家医院的产科病房做了一项研究（Sosa et al.，1980）。在这项研究中，一组母亲按照医院的日常安排来等待分娩，这意味着母亲在大多数情况下都是一个人。另一组母亲从进入医院到分娩的这段时间内，经常从一位女性那里获得支持。得到支持的母亲的平均分娩时间（8.7个小时）还不足未得到支持的母亲的一半（19.3小时）[①]，并且在孩子出生之后的1个小时里，她们大部分人是醒着的，会去抚摸孩子、对他微笑、跟他说话。

母亲在孩子出生后与孩子交流的意义现在已经很清楚了。克劳斯和柯尼尔在研究中发现，在孩子1个月大时，那些在孩子出生后与孩子有额外交流的母亲在孩子接受临床检查时更有可能安抚婴儿，并且在喂食期间更有可能温柔地抚摸婴儿，与他进行眼神交流。这种现象在孩子1岁大和2岁大的时候也可以观察到。这种额外交流在婴儿出生后的头3个小时内累计可达1个小时，在随后的3天内累计可达5小时（Kennell et al.，1974；Ringler et al.，1975）。[②]

彼得森和梅尔（Peterson & Mehl，1978）报告了婴儿出生前后的经历对于促进或阻碍母亲与婴儿建立一段良好关系的作用。在一项纵向研究中，46名母亲及她们的丈夫们在孩子出生6个月后接受了访谈。研究发现，最能够预测母婴关系质量的变量是母亲在孩子出生后几小时和几天内离开孩子的时间长度。

---

① 同一研究团队在危地马拉所做的另一项研究重复了这项研究的结果。在这项后续研究中，未得到支持的女性为279人，得到支持的女性为186人。得到支持的女性的分娩持续时间减少了一半，围产期并发症的发生率也降低了一半（Klaus et al.，1986）。

② 由于最近的研究——例如斯维亚、坎波斯和埃姆德（Svejda，Campos & Emde，1980）的研究——无法重复关于早期母婴互动对孩子的影响的研究结果，因此这个问题仍旧存疑。

其他变量也起到了重要的预测作用，如孩子出生时的经历和母亲在怀孕期间的态度和期望。

父母的童年经历的影响

有大量临床证据表明，母亲对孩子的情感和行为深深地受到自身经历的影响，尤其是那些她与自己父母在一起的经历。此外，这一结论同样适用于父亲，尽管相关证据较少。

在这个问题上，来自针对幼儿开展的系统研究的证据令人印象深刻。研究表明，父母的养育方式对孩子的影响很早就开始了。例如，臧-韦克斯勒、兰克-亚罗和金（Zahn-Waxler, Radke-Yarrow & King，1979）发现，个体帮助和安抚他人的行为模式早在生命的第二年就已经出现，并且会受到母亲对待他的方式的影响。那些母亲会对其发出的信号做出及时回应并且提供身体上的安抚的孩子，最有可能以恰当的方式对其他人的困难做出回应[①]。此外，儿童在这种情境下如何做出反应很大程度上是他从母亲那里学来的。

另一项有关母亲的童年经历对养育孩子的影响的研究来自

① 安斯沃思等人（Ainsworth et al.，1978）对个体在婴儿期与母亲的亲密身体接触进行了研究。她发现，那些对母亲发展出安全型依恋的人在婴儿期被母亲以温柔的、充满爱意的方式对待。

伦敦。例如福默和欧西（Formmer & O’shea，1973）的研究表明，那些在自己11岁之前因故离开自己的父母一方或者双方的母亲，很有可能在自己的孩子出生后出现婚姻和心理问题，同时可能在婴儿的喂食和睡眠方面遇到问题。沃开德、霍尔和保比（Wolkind，Hall & Pawbly，1977）扩展了上述研究。他们发现，和童年没有分离经历的女性相比，童年有分离经历的女性与自己5个月大的婴儿的互动明显要少很多。在他们的研究中，观察持续50分钟，婴儿清醒时的活动被记录下来。观察者通常需要待上整整一上午。研究发现，来自破碎家庭的母亲让孩子不在自己视线范围内的时间要比其他母亲长2倍，并且即使这些母亲同孩子在一起，她们抱孩子、凝视孩子、跟孩子说话的时间也比较少。另外，当被问到“你是否觉得真正把孩子当作一个人来看待需要花一点时间”时，来自破碎家庭的母亲很少会回答“是”（Hall，Pawlby & Wolkind，1979）。我想强调的是，这项研究提供的坚实证据表明，相对于拥有快乐童年的母亲而言，那些童年受到困扰的母亲更少与孩子进行互动。

一些有关父母的童年经历对其养育孩子的影响的证据源于对那些虐待孩子的父母的研究（Parke & Collmer，1979）。一个常见的情景是：父母对孩子的照顾时好时坏或者完全缺失，批评和指责孩子是家常便饭，父母或继父母之间拳脚相向，有时会对孩子拳脚相向。德洛兹（DeLozier）在研究（我会在第五章详细描述这个研究）中发现，有很多被父母虐待的孩子常年生活在被父母一方或双方抛弃然后送到寄宿家庭或学校的恐惧中，他们经常被暴力或更糟糕的事所威胁。无需惊讶，那些女孩长大后也会处在担心被丈夫或男朋友抛弃的焦虑中，她们会把家暴看作正常的事，并且很少或从不期望从他人那里获得爱与支持。

但是，并不是每一位有这种童年经历的母亲都会殴打自己的孩子，而且对一个孩子进行身体虐待并不表明对另一个孩子也会进行身体虐待。是什么造成了这种差别？有证据表明，有不良童年经历、对养育孩子比较消极的女性更可能在孩子出生前后，对自己的遭遇感到敏感。对这些女性来说，在孩子出生前后的不良经历将是压垮她们的最后一根稻草。

在英国牛津开展的一项研究中，林奇（Lynch，1975）比较了25名受到虐待的儿童与他们未曾受到虐待的同胞的个人史。他们发现，和同胞相比，受到虐待的孩子更有可能是不正常怀孕、不正常分娩的“产物”，更有可能在出生后离开母亲48小时或以上，更有可能在前6个月经历过其他形式的分离。此外，和没有受到虐待的同胞相比，受到虐待的孩子更有可能在出生后的第一年生病，母亲也更容易在他出生的第一年生病。

因为在这个研究中，对于有无受到虐待的孩子来说，父母的人格和童年经历都是一样的，因此母亲与其相处的经历在很大程度上影响了他们各自的命运。卡特和伊斯顿（Cater & Easton，1980）的一项研究得出了同样的结论。①

在其他可以追溯到童年经历的不良养育模式中，有一种在对施虐母亲的研究中得到了很好的说明（Morris & Gould，1963；Steel & Pallock，1968；Green，Gaines & Sandgrun，1974；DeLozier，1982）。那些施虐的母亲希望孩子来照顾和关注她们，让关系逆转。在访谈过程中，她们经常提到，当自己还是个小孩子的时候，父母让她们觉得自己有责任照顾父母。

所有希望被子女照顾的父母在小时候受到的养育都是匮乏的。不幸的是，他们常常给自己的孩子造成心理问题。我（Bowlby，1973，1980）曾提到，这种颠倒的亲子关系是学校恐惧症、广场恐惧症以及抑郁症的根源。

我们如何提供最大的帮助

在此，我们探讨了什么是成功的养育，以及促进或阻碍一

---

① 对这两项研究的结果的解释应慎重，因为在这两项研究中，每个案例中的母亲总是父母中的施虐方。

个人成为敏感、细心的父母的因素。我只能就我在临床上遇到的一些不良养育模式进行说明。另一个被忽视的主题是我们如何最大限度地帮助年轻人成为成功的父母。我认为，探讨这些主题的首要原则是：重例子、轻训诫，重讨论、轻命令。我们给年轻人越多的机会去直接观察敏感、细心的父母如何对待孩子，他们就越有可能模仿这种行为。让他们从这些父母遇到的困难和解决之道中直接获取经验，跟他们讨论这些父母犯的错误和成功之处，胜过成千上万条说明。类似的项目在某些地方以母亲自助团体的形式开始出现。为此，我们需要那些敏感、细心的父母的积极合作。幸运的是，在我们的社会中有很多这样的人愿意和乐于提供帮助。

第二章
依恋理论的起源

1981年春，美国行为精神病学学会邀请我前往纽约领取第四届布兰奇·伊特尔森奖，希望我向那些对我的工作感兴趣的学会成员致辞。在向给予我荣誉的学会成员表达感激的同时，我也借此机会表达了我对三所美国基金会——约西亚·梅西基金会、福德基金会以及精神病学研究基金会——的感激之情。这三所基金会从1953年起，在随后的十年内支持了我在塔维斯托克诊所的工作。

会后，学会的期刊编辑希望我对依恋理论、依恋理论的提出过程以及未来的研究方向进行说明。我解释说，在这一长期充满争议的领域内，我并不是一位客观的专家。我只能试着描述我所记得的事情，阐述一些在依恋理论形成的过程中具有影响力的实证研究和理论概念。显然，我无法避开我的个人偏见。

20世纪30年代到40年代，大西洋两岸的许多临床医生都在考察长期机构照料和母性形象的频繁变化对人格发展的不良影响。相关研究包括：本德等人的研究（Bender & Borothy，1941；Bender，1947）、鲍尔比的研究（Bowlby，1940，1944）、伯林厄姆和安娜·弗洛伊德的研究（Burlingham & Freud，1942，1944）、戈德法布的研究（Goldfarb，1943a，1943b，1943c，1955）、利维的研究（Levy，1937）、斯皮茨的研究（Spitz，1945，1946）。由于以上提到的每一位研究者都是有从业资质的分析师（除了戈德法布），因此这些发现并没有受到心理分析以外的领域的重视。

1949年末，一位年轻有为的精神分析取向的英国精神病学家加入进来。他就是时任世界卫生组织精神卫生部主席的罗纳德·哈格里夫斯①。联合国要求哈格里夫斯对无家可归的儿童的需求进行研究，他决定委派一位短程咨询师来研究这些儿童的心理健康问题。在了解了我的研究领域后，他邀请我来负责这项研究。对于我个人来说，这是一个黄金机会。在军队作为一名精神科医生服役五年后，我重新回到了我在战前的研究领域，即儿童精神病学。我任命詹姆斯·罗伯森为我的第一研究

---

① 罗纳德·哈格里夫斯逝于1962年，当时他正在利兹担任精神病学教授。他的逝世对于预防精神病学来说是一个沉痛的损失。

助理。他那时刚刚获得精神科社工的资格认证，战争期间曾在汉普斯特德托儿所与安娜·弗洛伊德共事。

1959年，我为世界卫生组织工作的6个月不仅让我有机会阅读文献并与文献的作者进行讨论，而且让我见到了许多欧洲和美国的同行。在我的工作结束后不久，我以“母性照顾与心理健康”为题，递交了我的报告。这份报告是世界卫生组织的专题论文，发表于1951年初。在这份报告中，我给出了一些证据，以说明童年早期不恰当母性照顾对人格发展的不利影响。这唤起了人们对那些因被迫同自己所爱之人分离而感到痛苦的幼儿的注意。我还对如何更好地避免或者减轻这种不良影响提出了建议。在接下来的几年里，这份报告被翻译成十几种语言，同时发行了英文删减版。

虽然那些书面语可能具有一定的影响力，但它们绝不像一部电影那样能带来情感上的震撼。20世纪50年代，斯皮茨制作的电影《悲伤：婴儿的危险》（1947）和罗伯森制作的电影《一个两岁孩子去看病》（1952）都产生了巨大影响。它们不仅引起了专业工作者对养育机构中幼儿的痛苦和焦虑的注意，而且为育儿实践提供了强有力的指导。在这一领域内，罗伯森起到了主导作用（Robertson，1958，1970）。

20世纪50年代末，虽然许多儿童精神病学、心理学、社工领域的工作者以及一些儿科和病儿护理领域的工作者接受了这些研究发现，但是一些早期的出版物和影片引起的争论仍在继续。接受传统精神病学训练的精神病学家和学习理论取向的心理学家不断指出这些研究发现的缺陷，认为它们无法解释不同类型的经验如何影响人格的发展。此外，许多精神分析师——尤其是那些聚焦于幻想而非真实生活事件对精神疾病的影响的精神分析师——无法令人信服，有时太过偏激。与此同时，相关研究仍在继续。例如，耶鲁大学的普罗旺斯和李普顿进行了一项针对收容所的婴儿的系统研究。在这项研究中，他们将这些婴儿与那些和父母待在一起的婴儿的发展状况进行了比较（Provence & Lipton，1962）。在塔维斯托克，我的研究小组也对那些在陌生环境中由陌生人养育数周、数月的婴儿进行了研究（Heinicke，1956；Heinicke & Westheimer，1966）。

1963年，世界卫生组织出版了一本论文集，引起了重大反响。这本论文集对那些可以用“母性照顾的剥夺”这个术语来概括的不同经历对个体的影响进行了探讨。在六篇论文中，最为全面的一篇是我的同事安斯沃思（Ainsworth，1962）撰写的。她罗列了大量证据，探讨了很多富有争议的问题，并且指明了未来的研究方向。

此外，20世纪50年代末期，哈洛对母性剥夺之于恒河猴的影响进行了研究。影像记录再次发挥了重要作用。哈洛在美国的研究受到了斯皮茨的研究的启发。在英国，欣德的研究则受到了我们在塔维斯托克所进行的研究的影响。这两位科学家（Harlow & Harlow，1965；Hinde & Spencer-Booth，1971）在接下来的十年间得出的系列研究结果逐渐削弱了那些反对者的声音。从那以后，再也没有谁说我们的假设在本质上是不正确的，批判的声音也变得更有建设性。

当然，还有很多假设仍然没有得到证明。尽管母性剥夺的确会导致个体短期的痛苦和行为障碍，但是有什么证据能够表明这种不良影响会持续下去呢？这种母性剥夺经历的何种特征或组合特征是痛苦的缘由？为什么在某些个体身上这种不良影响会持续下去？为什么一些有极其痛苦的经历的儿童看起来却安然无恙？为什么说儿童在大多数时间里主要由一个照料者照顾很重要？在欠发达的社会中，据说（后来被证实是错误的）小孩被多个母亲养育是很普遍的事情。除了这些疑问之外，还存在一些误解。一些人认为，儿童应该在大多数时间内主要由一个母性形象照顾，并且这个人应该是儿童的亲生母亲，即所谓的血缘理论。在另外一些人看来，那些认为儿童应该“同母亲（或母亲的替代者）建立一种温暖、亲密、持续的关系”的人，实际上是希望建立一种制度，在这种制度下，母亲每天24小时不间断地照顾她的孩子。当个体强烈的情感被唤起，并且几乎每个人都有某种既得利益时，清晰而客观地进行思考并不容易。

对理论的新看法

专题著作《母性照顾与心理健康》分为两部分。第一部分回顾了母性剥夺对个体的不良影响，第二部分讨论了预防这种不良影响的方法。正如一些研究者指出的那样，这本专题著作中遗漏的是对母性剥夺如何影响人格发展的解释。遗漏的原因很简单：没有任何理论能够兼容在研究中得到的所有数据，并且在我受雇于世界卫生组织期间也不存在发展出任何一套新理论的可能性。

儿童对母亲的依赖

当时，人们普遍认为儿童与其母亲形成紧密联系的原因是母亲喂养了孩子。有一种理论认为，存在两种驱力——原发驱力与继发驱力，获取食物是原发驱力，建立人际关系是继发驱力。这种理论在我看来并不符合实际情况。因为根据这种理论，一两岁的婴儿会很乐意走向喂养他的任何人，而这显然不符合事实。另一种源于精神分析匈牙利学派的理论认为，个体在生命之初就建立了一种原始客体关系。在这个理论体系中，克莱茵的观点最为成熟，她认为母亲的乳房应被视为原初客体，并且她强调食物、口唇以及婴儿的“依赖性”的意义。然而这些理论与我对儿童的观察经验并不相符。

如果现在这些依赖理论都不恰当，那么什么才是恰当的理论呢?

1951年夏，一位友人向我提及洛伦兹对小鸭和小鹅的研究。洛伦兹的研究以及其他有关本能行为的研究带我进入了一个全新的世界。在这个世界中，高水平的科学家在非人类物种身上研究了很多人类同样存在的问题，尤其是很多物种都会形成的相对持久的关系（起初是父母与孩子之间的关系，随后是配偶之间的关系）。我不禁问自己，这项工作能够解决精神分析的核心问题，也就是人类的“本能”问题吗?

在接下来的一段漫长时间里，我试图抓住基本原则，用这些原则指导我们解决问题。我从儿童与母亲的情感联结的本质出发。我发现，洛伦兹有关小鸭和小鹅的研究格外有趣（Lorenz，1935）。他的研究表明，某些物种同母性形象的紧密联系可以绕开食物形成，比如某些鸟类，因为它们并不是由父母喂养长大的，而是靠自己捉虫子来喂养自己。这里论述的就是取代传统模型的另一种模型，它适用于解释人类的诸多情况。此后，由于我对行为学原理越来越精通，并且将其应用于临床问题中，我越来越相信，这会是一个很有前景的方向。因此，在采纳了这个新颖的观点之后，我决定，“只要在应用上能够有所收获，我就会继续支持这个理论”（借用弗洛伊德的说法）。

从1957年《孩子与母亲的情感纽带的本质》这篇文章首次发表，到1969年《依恋》的问世，再到1980年《丧失》的出版，我都一门心思地扑在概念框架的构建上。我给出的概念框架[①]旨在解释弗洛伊德关注的现象，例如恋爱关系、分离焦虑、哀悼、防御、愤怒、内疚、压抑、创伤、情感隔离、早年生活的敏感期等，并为传统的精神分析理论提供一个替代理论。这些理念究竟会取得多大成功，时间将会给出证明。

正如库恩所强调的那样，任何新兴的概念框架都是难以掌握的，特别是对那些传统概念框架熟烂于心的人来说更是如此。这里，我只会说明在理解我所提出的概念框架时会遇到的一些困难。第一，我不会以成年的临床症状为起点，并试图追溯其根源。相反，我会从童年创伤出发，尝试追踪其后遗症。

---

① 库恩（Kuhn，1974）将此术语用于取代“范式”——这个他在以往的研究中所使用的术语（Kuhn，1962）。

第二，我不会试图以病人的个体思维和情感——正如在自由联想和游戏中所表现的那样——为起点构建一种人格发展理论。相反，我会从观察儿童在特定情境中的行为、记录他们的情感和想法出发，来构建一种人格发展理论。其他困难源于我对一些概念的运用，比如控制系统（而非精神能量）和发展路径（而非力比多阶段）。虽然这些概念是生物科学的重要概念，但是很多心理学家和临床医生并不熟悉。

在抛弃了继发驱力、依赖理论、克莱茵的理论之后，我们需要一种新的理论。这就引发了不同于情感或性的行为与动力——长久以来，这两者被认为是人类动机最基本的两个来源——借助于其自身动力的依恋行为的概念化。哈洛等人（Harlow & Zimmermann，1959）在研究中发现，恒河猴的幼猴明显更喜欢不能提供食物的“绒布母亲”，而不是能够提供食物的“铁丝母亲”。

依恋行为是引发个体与其他人——被认为能够更好地应对世界的人——建立或保持密切联系的行为模式。最明显的依恋行为会在个体受到惊吓、感到疲惫或生病的时候出现，会因安抚和照料而得到缓解。在其他情况下，依恋行为则出现得较少。由于个体知道依恋对象是不离不弃的，并且会对自己做出回应，因此这个依恋对象给他带来了强烈的安全感，并进而鼓励他重视并保持这种依恋关系。尽管依恋行为在童年早期最为明显，但我们仍然可以在各个生命阶段中观察到，尤其是在紧急情况下。由于我们可以在所有人类身上观察到依恋行为，因此它被视为人类本质的重要部分，并且是我们与其他物种所共有的。依恋行为的生物学功能在于它的保护性。无论我们处于哪个年龄阶段，让自己处在可以轻易接近那些乐意帮助我们的熟悉个体的状态都是一种较为保险的策略。

由于被看作有别于进食和性欲的内在动机的基本行为模式，依恋行为及其动机将被给予从未拥有的理论地位（虽然父母和临床医生早就意识到了它们的重要性）。正如我们已经强调过的那样，到目前为止，用来说明它们的两个术语——“依赖”和“依赖需求”——存在着严重的缺陷。首先，“依赖”有种轻蔑的味道；其次，它并没有反映出个体与自己所爱之人的情感关系；最后，它不能暗示任何有价值的生物学功能。

对于临床医生、发展心理学家以及所有父母来说，依恋都是一种极为重要的行为模式。自这一概念被提出至今，已经有30年的时间了。在这期间，依恋理论得到了很好的发展。最著名的贡献者之一是欣德，他一直指引着我的思想，还有安斯沃思，她从50年代末起就在非洲（Ainsworth，1963，1967）和美国（Ainsworth & Wittig，1969；Ainsworth et al.，1978）进行着依恋行为的实证研究，并且极大地促进了依恋理论的发展（Ainsworth，1969，1982）。安斯沃思的研究以及她的学生和受她影响的其他学者的研究使依恋理论成为一种有效的理论，并被广泛视作最好的支持社会—情感发展的理论（Rajecki，Lamb & Obmascher，1978；Rutter，1980；Parkes & Stevenson-Hinde，1982；Sroufe，1986）。

我是以对行为的观察为出发点发展依恋理论的，因此一些临床医生认为我的理论仅仅是行为主义的另一种版本。遭到这种误解的部分原因是那些临床医生对我提出的概念框架并不熟悉，另一部分原因是早期我并未理清依恋和依恋行为之间的区别。我们说一个儿童（或更为年长的人）依恋于某人或对某人产生了依恋，指的是他有强烈的倾向去接近和接触那个人，尤其是在某些特殊情况下。以这种方式来行动是依恋者的一个特点，随时间推移不会有太大变化，且不会受到即时情境的影响。依恋行为指的是个体与他人保持一种宜人距离的各种行为方式。

大量研究都表明，几乎所有儿童都对某个人有着内在的偏好，这个人一般是他的母亲。当感到痛苦的时候，他会走向这个人，但如果这个时候她是缺席的，那么他就会走向其他他所熟知的人。在这些情况下，大多数儿童都会表现出一种清晰的偏好等级。在极端情况下，儿童甚至会走向一个和蔼的陌生人。尽管依恋行为在不同情境中可能指向不同的个体，持续性依恋或依恋纽带却只会指向极少数的个体。如果一个儿童对此无法区别，那么他很可能产生了严重困扰。

依恋理论试图解释的是依恋行为以及儿童对特殊他人的持续性依恋。在这个理论中，关键的概念是行为系统。这是参照生理系统提出的概念。生理系统以恒定的方式被组织起来，以确保生理学的测量指标——如体温或血压——被限制在一定范围内。在用行为系统这一概念来解释儿童或更为年长的个体维持与依恋对象的关系时，最有效的方式是运用这些得到了充分理解的原理来解释这样一种动态平衡的不同形式，也就是其中受到了限制的形式。这种形式考虑到了在环境中被清晰识别的个体同生物体的相关性或其他相关特征。在这种形式中，通过行为方式而非生物方式，限制得以维持。

假定存在大量具有高特异性特征的内在心理组织，包括自体和依恋对象的表征模型，那么我们可以认为，依恋理论也具有其他结构化理论所具有的基本属性，这些基本属性使得它能够和行为主义清晰地区分开来。从某种程度上来看，依恋理论可以被看作客体关系理论的一种变体。

在这一部分中，我之所以花费大量篇幅解释依恋的概念和理论，是因为我认为只要掌握了那些原理，我们就能够轻而易举地理解如何用我们提出的概念框架来解释临床医生关注的其他现象。

分离焦虑

我们对分离焦虑——关于丧失的焦虑或同所爱之人分离的焦虑——有新的看法。为什么“纯粹的分离”会导致焦虑仍然是一个谜。弗洛伊德曾努力地解决这一问题，并提出了大量的假设（Freud，1926；Strachey，1959）。其他精神分析师也做了同样的努力。

我认为，这个问题基于一种未经检验的假设，即对于心理健康的个体来说，只有处于所有人都认为是令人痛苦或存在危险的情境，或那些让他们产生条件反射的情境中时，才会产生恐惧。这种假设不仅得到了精神分析师的支持，而且得到了更为传统的精神科医生的支持。由于对分离和丧失的恐惧并不符合这一假设，因此精神分析师们推测，让我们感到恐惧的实际上是其他一些情境。许多不同的假设自此产生。

然而，如果我们采纳一种行为学的方法，那么以上问题就可以得到解决。因为很明显，和动物一样，人对某些情境产生恐惧反应不是因为它们存在引发痛苦或使其陷入危险的高风险，而是因为它们可能会让这种风险提升。和动物一样，人倾向于对突然的移动、声音、光亮等级的显著变化产生恐惧反应，因为这种反应具有生存价值。基于同样的理由，包括人在内的许多物种都倾向于对与照料者分离产生恐惧反应。

当我们将分离焦虑看作人类的一个基本倾向时，我们将能够理解为什么当儿童被父母威胁抛弃时——时常被用作一种控制儿童的手段——感到如此恐惧。我们现在知道，这些威胁以及父母自杀的威胁都是强化分离焦虑的因素。我怀疑，传统临床理论对分离焦虑这一问题的忽视不仅是因为分离焦虑的理论准备不足，而且是因为我们没有对真实生活事件对个体的重大影响给予应有的重视。

特别是对年长的儿童和青少年来说，被抛弃的威胁不仅会引发焦虑，而且会引发愤怒。这种愤怒——其功能是阻止依恋对象践行威胁——很容易变得功能失调。我认为我们可以从这个角度来理解伯纳姆（Burnham，1965）的报告中那个青少年的矛盾行为。那个青少年在杀死了自己的母亲之后，叫喊道：

“我不能忍受她离开我。”

根据依恋理论，我们很容易理解其他异常的家庭情况。一个相当普遍的例子是，当一个儿童与自己的母亲关系过密时，他往往很难在家庭之外开始自己的社会生活。这种关系被称为共生关系。问题的根源在于，这些儿童的母亲——她们在一段焦虑性的依恋关系中长大——试图将孩子变成自己的依恋对象。这些儿童非但不被溺爱，反而会背负着照顾母亲的重任。因此，在这些案例中，我们发现儿童与照顾他们的父母的正常关系被颠倒了。

哀　悼

正如分离焦虑是对丧失威胁或风险的正常反应，哀悼则是丧失发生后的正常反应。在精神分析的发展早期，许多分析师都将丧失看作引发情绪困扰——尤其是抑郁症——的重要原因。到1950年，大量有关哀悼本质以及丧失的理论得到了发展。此外，各个理论的支持者们各执一词，展开了极为激烈的争论。这场争论始于20世纪30年代，源自有关婴儿发展的不同理论之争。有关丧失的代表性观点可见多伊奇的《悲伤的缺失》以及克莱茵的《哀悼及其与躁郁态的关系》。多伊奇认为由于心理发展不充分，婴儿没有能力进行哀悼。克莱茵则指出，他们不仅有能力进行哀悼，而且确实也进行了哀悼。她特别强调喂养，认为被哀悼的客体就是丧失的乳房。另外，她还认为婴儿有复杂的幻想生活。虽然这些理论是对立的，但是它们背后的方法论是一样的，即通过对成年个体的分析来推测其心理发展的早期阶段。没有任何一种理论是通过对不同年龄段的儿童如何对丧失进行反应进行直接观察而得到检验的。

于是，我这样做了，并且得出了不一样的结论。20世纪50年代，我和罗伯森提出，在与母亲暂时分离期间，儿童会顺序出现反抗、绝望以及隔离反应（Robertson & Bowlby，1952）。几年后，当读到一项马里斯（Marris，1958）针对寡妇的丧失反应的研究时，我惊奇地发现儿童和寡妇的丧失反应是如此相似。于是我参阅了大量与哀悼——尤其是健康成人的哀悼——相关的文献。我发现，实际的哀悼反应与临床理论家所假设的很不一样。不仅心理健康的成人的哀悼要远远长于临床理论家普遍假定的六个月，而且我们发现，一些病理性的反应在健康的哀悼中也是普遍存在的。这些反应包括对第三者、对自己以及丧失之人的愤怒，不相信丧失已经发生，试图寻找丧失之人。随着对成人哀悼反应的了解的深入，我们也越来越认识到，成人与儿童的哀悼反应是如此相似。

当我（Bowlby，1960，1961）首次提出这个结论时，受到了诸多批判。然而，现在看来，这个结论已得到了大量研究的充分支持（Parkes，1972； Kliman，1965；Furman，1974；Raphael，1982）。

一旦获得了一幅关于健康哀悼的精确图像，我们就能够识别病理性哀悼的指标。此外，我们还可以识别出许多可以促进健康哀悼的条件以及导致病理性哀悼的条件。我们认为，儿童无法进行哀悼的观点源自对那些哀悼偏离正常路径的儿童的分析。在许多案例中，这种情况的发生要么是因为儿童对丧失事件的信息了解不足，要么是因为没有人与他共情，并帮助他处理自己对已失去的父母的渴望、愤怒和悲伤。

防御过程

我们所进行的理论重塑的下一个步骤就是去考虑如何更好地定义防御过程。这是一个关键的步骤，因为防御过程一直都是精神分析理论的核心。尽管作为一名临床医生，我需要把关注点放在防御机制上，但是作为一名研究工作者，我特别关注的是幼儿在医院或托儿所接受一段时间的禁访式托管之后对母亲表现出的行为。通常，我们观察到，儿童会像对待陌生人一样对待母亲，但不久之后——一般是数小时或数天——他变得极度依赖，感到焦虑，唯恐再次失去母亲，并对她感到愤怒。他对于母亲的所有情感和行为从某种程度上来看是理所当然的。当受到惊吓或伤害时，他不再局限于向母亲寻求安慰，不再有明显转向母亲的行为。这就是我与罗伯森所说的隔离，我们相信这是由儿童的防御过程导致的。

弗洛伊德认为自己在建构科学理论时受到了根据能量学说来解释所有现象的概念模型的限制。而如今，我们拥有了更多可以采用的概念模型。许多模型都吸收了诸如结构化、模式和信息等相互关联的概念。我们可以用以某种方式组织起来的控制系统来解释有机体的活动。生理能量对这些系统的供给使得它们能够高效地接受某类信号，而拒绝其他类型的信号。因此，我们所处的科学世界与弗洛伊德在世纪之初所处的世界是截然不同的。在解决问题方面，我们可用的概念要比弗洛伊德可用的概念更适合。

如果我们现在将关注点转向幼儿在陌生的地方与陌生人待上一段时间以后表现出的隔离行为，那么我们可以惊奇地发现，在我们非常确定能够看到这种行为的情境中，这种行为却消失了。即使在儿童受到严重伤害的情况下，他也没有寻求任何安慰。因此，那些通常会激活依恋行为的信号便失效了。这些信号因某种原因无法触及负责依恋行为的行为系统，它们被屏蔽了。这意味着控制诸如依恋等重要行为的系统会在特定环境下暂时或永久地失活，以致通常伴随产生的情感和愿望无法被唤起。

为了研究这种钝化作用是如何起效的，我转向了认知心理学家的研究工作（Norman，1976；Dixon，1971，1981）。他们在过去的20年间更新了我们对如何感知世界以及在头脑中建构所处环境的认识。这场认知理论革命不仅解释了无意识心理过程在精神生活中的重要地位，而且向我们呈现了一幅能够无意识地屏蔽某些特定信息的心理装置的图像。

我认为，那些情感隔离的儿童和那些发展出温尼科特（Winnicott，1960）所谓的“假性自体”以及科胡特（Kohut，1977）所谓的“自恋型”人格的成人所阻隔的是一种特殊类型的信息。我们不会排斥那些无关而潜在的干扰信息。被我们排除在外的是那些在病理性条件下可能会激活个体的依恋行为并让他们有能力去爱和体验被爱的信号。换句话说，通常负责选择性排斥（selective exclusion）的心理结构被用于一种具有潜在病理性的特殊目标。我所说的排斥形式是防御性排斥。当然，它是压抑的另一种形式。正如弗洛伊德将压抑视为每种防御形式的关键过程一样，我也如此看待防御性排斥[①]。《依恋三部曲：丧失》（Bowlby，1980）前面的章节对此进行了更为充分的描述。

一个替代框架

在发展这里所描述的概念框架时，马勒注意到儿童行为的许多临床问题以及一些共同特征。她修订了既有的概念框架，具体可参阅她的著作《人类婴儿的心理出生》（Mahler，Pine & Bergman，1975）。正如库恩（Kuhn，1962）所强调的那样，比较不同的框架从来都不是一件容易的事情，我在此也不会做任何尝试。在其他文章中（Bowlby，1981），我描述了我所偏好的概念框架的优势，包括它与实证数据的相关性，以及与进化生物学和神经生理学的最新观点的兼容性。与此同时，马勒提出的概念框架的缺点遭到了彼得弗里昂德（Peterfreund，1978）和克莱茵（Klein，1981）的尖锐批判。

简而言之，马勒关于正常发育的理论——包括她提出的自闭期与共生期——并不是建立在观察的基础之上，而是建立在基于传统精神分析理论提出的构想的基础之上。这会导致人们

① 施皮格尔指出，我的“防御性排斥”的术语与沙利文的“选择性忽略”有着非常相似的含义。

对有关婴儿早期的大量信息——这些信息都是从过去20多年的实证研究中总结出来的——的忽视。虽然马勒的理论与依恋理论对临床的启示并没有多大不同，并且她所说的“回到基地以补充燃料”与我所说的安全基地十分相似，但是构建这两个框架的关键概念还是非常不同的。

研　究

没有什么比研究母性剥夺对个体发展的影响更有价值。现在，相关文献已有很多，我们很难进行归纳与总结。不过，我们没有必要这么做，因为拉特（Rutter，1979）已对这个领域进行了综述。他总结了有关“剥夺对儿童心理发展的重要影响的证据”。布朗和哈里斯（Brown & Harris，1978）对女性抑郁症的研究发现，多种不良经历的交互会增加随后出现心理障碍的风险。在二十世纪七八十年代，这个研究团队开展了许多有趣的研究（Harris，1988）。

这种不良经历的交互效应不仅是存在的，而且对于某个曾有过一种不良经历的人来说，他拥有另一种不良经历的可能性会上升。比如，“在不幸福或混乱的家庭中长大的个体更有可能在婚前生育子女，成为少女妈妈，拥有不幸福的婚姻，或者离婚”（Rutter，1979）。不良的童年经历至少会对个体产生两种影响：第一，它们会使个体无力承受随后出现的不良事件；第二，它们更有可能让个体在将来体验到更多类似的不良经历。尽管早年的不良经历似乎完全不受个体的控制，但成年的不良经历在很大程度上是由个体自身的行为促成的。这些行为是由早年经历促成的人格缺陷所导致的。

心理障碍——可以追溯到母性剥夺的某种模式——会对养育行为以及下一代产生重要影响。一位因童年的不良经历而形成焦虑性依恋的母亲会试图从自己的孩子那里寻求照顾，从而导致孩子变得焦虑、内疚或惊恐（Bowlby，1973）。一位在童年遭受忽视、抛弃或暴力威胁的母亲比其他人更容易对自己的孩子进行身体虐待（DeLozier，1982），这会对儿童的人格发展产生不良后果（George & Main，1979）。尽管关于童年经历如何影响个体对待自己的孩子的系统性研究才刚刚起步，但这有可能成为未来最富有成效的研究方向。帕克斯和史蒂文森-欣德（Parkes & Stevenson-Hinde，1982）在一本专题论文集中对其他有意义的研究进行了描述。

我在这一部分用大量篇幅来说明理论的发展，不仅是因为这项工作占用了我大量时间，而且是因为——正如卢因很久以前所说的那样——“没有什么比一个好的理论更具实践性”。当然，也没有什么比一个糟糕的理论更具阻抑性。没有一个好的理论作为指导，研究计划将很难进行，研究结果也很难得到解释。没有一个合理而有效的精神病理学理论，治疗技术可能会非常生硬。没有一个合理而有效的病因学理论，进行系统性的干预也是不可能的。我希望我提出的理论在不久的将来能够被证明，它能够帮助人们更好地理解促进健康人格发展的条件。只有当这些条件得到了广泛认可时，父母才会知道什么是对孩子最好的，社区才会帮助他们获得这些条件。

第三章

作为艺术与科学的精神分析

1978年夏天，我应邀在加拿大做了多次演讲，其中包括一场在加拿大精神分析学会于魁北克市举行的年会上所做的演讲。我选择的主题是一个困扰我多年的主题，我相信我们值得对该主题做进一步探讨。

我将演讲的主题定为“作为艺术与科学的精神分析”，是因为我想将注意力放到精神分析极为不同的两个方面——精神分析的艺术性和精神分析的科学性。这样做一方面是为了强调两者的独特价值，另一方面是想说明区分两者的评价标准。在强调这些差异时，我不禁感到惋惜，因为正如弗洛伊德所说，“精神分析”这个单词在使用中并不十分明确。“虽然起初它是一个特定治疗方法的名称，”弗洛伊德在他的自传（1925）中写道，“但现在却成了一门关于无意识心理过程的科学的代名词。”

当然，我所做的区分并不局限于精神分析。它适用于那些“实践出真知”的领域。在这些领域中存在不同的角色。一种角色是实践者，另一种角色是科学家，只有少数人能够将两种角色结合起来。正如历史所展现的那样，这一分化的过程时常充满了伤痛和误解。由于我相信这种分化必然会在我所处的领域中出现，因此我们不妨思考一下精神分析可能招致的误解，以期避免或减轻这种误解可能带来的后果。

我将从比较实践者和科学家这两种角色开始，通过案例，分三部分展开叙述。

研究焦点

实践者的目标是尽可能从多方面考虑每个需要他们解决的临床问题。这不仅需要他们运用所有相关的科学原则，而且还需关注各种环境下的个人经验，关注每一个病人身上独有的特征组合。在了解了病人之间的差异是多么巨大之后，有经验的临床医生会认识到，适用于某人的治疗方法可能完全不适用于另一个人。将所有的因素都考虑进去并给予同等的重视是临床判断之艺术。

科学家的观点与实践者的观点截然不同。他们在努力辨别存在于个体差异背后的一般模式时，往往会忽视独特性而尽量寻求简化。如果他们足够明智，他们可能会将注意力放在某个问题的某些方面。如果他们做出的选择被证明是明智的，那么他们不仅能够用相关理论阐明相关问题，而且能够用相关理论阐明其他问题。如果他们做出的选择被证明是不明智的，那么他们可能会产生更多的困惑。这就是每位研究者所要承担的风险。研究的艺术取决于选择有限而可处理的问题以及最有效的解决方法。这引出了我的第二个观点。

信息获取的模式

在获取信息的可行方法方面，和科学家相比，实践者具有特定的优势和劣势。我们先来谈下优势。

作为助人者，实践者可以获取那些科学家无法获取的特定信息。举个例子来说，我的一个朋友喜欢存钱，但只有外科医生才被允许切开他的大脑，研究个究竟。与此类似，一名精神分析师只有在治疗病人的时候才能获取病人大脑中的大量重要信息。此外，实践者可以以特定的方式进行干预，并且有权观察这些干预会导致怎样的后果。这些都是实践者的巨大优势，精神分析师们很会利用这些优势。

然而，如果没有新方法可以对根据旧方法所做的观察以及假设进行交叉检验，那么任何科学都不可能获得持续的发展。相对而言，科学家比较有优势。在医学中，生理学家和病理学家通过动物实验、组织培养、生物学分析以及其他独创性的技术取得了巨大进步。事实上，发现新的方法正是科学家的优势。

我认为，对精神分析这一概念的模糊使用带来了不良影响。这让一些分析师认为，只有“精神分析式”地治疗病人才有利于精神分析的发展。我认为这是一种误解。对此我们要好好谈一谈。在此之前，我想谈谈在科学家和实践者各自的世界中怀疑与信念的角色。

怀疑与信念

在日复一日的工作中，科学家需要具备高度的批判性。在相关研究领域，虽然他们可能非常尊敬一位领军人物，但这位领军人物的数据或理论却会遭到他们的挑战和批判。他们不会给权威留出任何位置。

然而对于实践者来说却不是这样。如果一名实践者想变得高效，那么他必须将特定的原则和理论视作正确的。在决定采用何种理论的时候，他可能会受到自己所师从之人的经验的引导。此外，当某个理论在应用中被验证时，我们所有人都会感到印象深刻。实践者可能会过度相信某个理论的正确性。

从临床实践的角度来看，这并非坏事。大量研究表明，多数病人都会受到实践者带入治疗中的信念和希望的鼓舞。许多优秀的研究者由于缺乏这种信念和希望，因此并不适合做治疗师。

虽然科学家缺乏对特定数据的效度以及特定理论的信心，但是我并不认为科学家只是一个怀疑论者。相反，他们的整个生活轨迹建立在一种信念之上，即从长远来看，只有运用科学方法，才能获得真知。

当然，我知道有许多精神分析师并不认同这个信念，他们相信自己所要解决的问题类型远远超出科学的范畴。我尊重他们的观点，但我并不认同。当然，弗洛伊德也不会。然而，在我们之中，即使是那些十分推崇用科学方法解决问题的人都必须认识到，存在永远无法解决的问题。我们只是不知道。在我看来，我们的任务是有技巧地运用我们的方法，一方面相信真知的范围会得到不断拓展，另一方面接受存在现有的科学方法无法触及的领域。

对于那些参与过治疗实践也希望为精神分析的发展做出贡献的人来说，恐怕很难认同我对实践者与科学家之间的差异比较。然而，我相信只有认识到这些差异，并且牢记于心，实践者和科学家才能最大程度地发挥各自的优势，想要同时扮演这两种角色的人才能获得成功。作为实践者，我们寻求复杂性；作为科学家，我们力求简化。作为实践者，我们以理论为指导；作为科学家，我们挑战理论。作为实践者，我们接受受既定的探寻模式；作为科学家，我们接受任何一种我们所能运用的方法。

此前我曾谈论过为获取数据而设计新方法的需求。原因在于，虽然任何方法都很有用，但它们总会存在一定的局限性。多种优劣势不同的方法正好可以互补。新方法可能并不优于旧方法。实际上，它可能存在很大的局限性。方法的有用性仅仅在于，它的优势与局限是不同的。也许我可以通过我自己的工作来阐释这个观点。

当我1937年获得精神分析执业资格的时候，英国精神分析协会的成员都在对成人和儿童的幻想世界进行探索。分析师对个体真实经历的关注不被视为精神分析师应该关注的内容。那个时候，弗洛伊德关于癔症病因学的著名转变[①]（about-turn）使得这样一种观点大为流行，即任何关注儿童真实经历的人都是可悲而幼稚的。从字面意义上看，人们会认为任何对外在世界感兴趣的人都不可能对内在世界感兴趣，甚至是在逃避内在

① 埃弗龙（Efron，1977）探讨过弗洛伊德思想发生突然转变的条件。

世界。

作为一名生物学家，关于内在与外在、机体与环境的比较从未吸引我。此外，作为一名处理儿童和家庭问题且深受两位精神分析取向的社工影响的精神科医生，我每天都会遇到受到父母情绪问题影响的儿童。这里是我仍然可以生动回忆起来的两个案例。在其中一个案例中，一名父亲对他8岁儿子的自慰表示深深的担忧。他谈到，每当他看到儿子手握自己的阴茎时，他就把儿子放到水龙头下。于是我进一步询问到，他自己是否有过自慰方面的困扰。然后他讲述了一段关于自己是如何在生活中与这个问题斗争的冗长而可悲的故事。在另一个案例中，一名母亲对自己三岁孩子嫉妒刚出生的同胞的惩罚很快被追溯到她对自己弟弟的嫉妒问题。

对这些现象的观察让我得出一个结论，即研究父母对待儿童的方式和研究儿童对父母的内在表征一样重要。我们应该把研究的焦点放在二者的交互作用上。为此，我们需要对儿童早年的家庭经历对他们的影响有更加系统的了解。促使我选择将幼儿与家人的短暂分离——而不是亲子互动——作为研究方向的原因有几个。第一，我相信这类分离事件会对儿童的人格发展产生不良影响。第二，无论这类分离事件是否发生，关于父母如何对待儿童的有效信息都很难获取。第三，在这个研究领域中，预防措施似乎是可行的。第四，当我在“二战”前首次发表我的观点时，我的一些同事提出了质疑。我的选择在某种程度上可以说是对他们的质疑的回应。

我随后的研究结果最初被两位相继获得资格认证的分析师罗伯特森和海尼克所采纳，现在已被众人所熟知。我相信，这些研究结果会对精神分析的发展产生重大影响。然而，我现在想要强调的是研究策略。除了那些著名分析师如安娜·弗洛伊德、斯皮茨、克里斯、马勒等人的开创性工作，长久以来，在精神分析圈子内都存在一种倾向，即把对儿童行为的直接观察和记录仅仅看作一种辅助性的研究方法。现在，人们已经逐渐接受这样一个观点，即对儿童的直接观察不仅有利于精神分析的发展，而且也是研究精神分析不可或缺的一种方法。

我认为，这些直接研究的主要贡献是阐明了儿童的情绪发展和社会性发展、相关参数的变化范围以及不同家庭经历对儿童发展的影响。接下来我将举几个来自动物行为学和发展心理学研究的例子。

第一个例子来自安斯沃思（Ainsworth，1977）的研究，她之前在约翰霍普金斯大学，后来去了弗吉尼亚大学工作。50年代早期，安斯沃思最初同我们一起在塔维斯托克诊所接受临床心理学家的资格认证培训，随后她花了几年时间在乌干达研究母婴关系。她在马里兰州巴尔的摩就中产阶级白人家庭在婴儿出生第一年的母婴互动进行了研究。她曾接受过一段个人分析，并敏锐地意识到一些非常重要的问题。

在乌干达研究母婴关系期间，玛丽·安斯沃思被“婴儿在探索时将母亲当作一个基地”这一现象所吸引。当条件适宜时，婴儿就会一次又一次从母亲身边移开，然后再回来。几乎所有被观察的婴儿到八个月大的时候都会表现出这种探索性行为。但是，如果母亲不在场，这种有规律的探索性行为就会变得不那么明显或消失。与此相似的研究结果表明，一名称职的母亲会为孩子提供一个安全基地，使得他可以离开这个基地去探索，也可以在感到焦躁或受到惊吓的时候返回基地。马勒等人（Mahler，Pine & Bergman，1975）也做了相似的观察，并依据不同于我和安斯沃思所使用的理论框架，做出了相应的解释。安全基地——儿童、青少年或成人都可以反复离开这个基地去探索，并且在需要的时候返回——的概念在我看来非常有助于我们理解情感稳定的个体在他的一生中是如何发展的。

在巴尔的摩进行的项目中，安斯沃思不仅能够在23名12个月大的婴儿身上观察这类行为，而且能够对这类行为的个体差异进行描述。她观察了婴儿与母亲一同在家以及处于陌生环境中的探索和依恋行为。此外，在获得关于婴儿出生第一年母亲对婴儿的养育模式的数据之后，安斯沃思提出了一个假设，她认为12个月大的婴儿的情感与行为发展与母亲的养育模式密切相关。

研究结果（Ainsworth，1977）表明，无论在家里还是在陌生环境中，12个月大的婴儿在有和没有母亲陪伴的情况下表现出的行为模式迥异。我们可以依据两个标准将婴儿分为三个主要类别。这两个标准是：（1）当母亲在场或离开时，婴儿进行探索的程度是怎样的；（2）当母亲在场，离开，返回时，婴儿如何对待母亲。

根据他们在第一次生日时的行为表现，安斯沃思认为有8个婴儿在未来会发展得很好。这些婴儿主动地探索，追踪母亲的行踪，与母亲交换眼神，一次又一次地回到母亲身边，与母亲进行愉快的互动，把母亲当作一个基地。当母亲在短时间内离开又返回时，他们会热烈地欢迎。我将这些婴儿划为X组。

有11名婴儿的行为表现会让人感到担忧，我将他们划为Z组。他们中的3人无论在家还是在测试情境中都很消极，很少去探索，经常吸吮拇指或摇头晃脑。他们会因为母亲行踪不明而感到焦虑，当母亲不在的时候他们号啕大哭，当母亲返回时却表现得十分矛盾。其他8名婴儿表现得非常独立，会完全忽视母亲，但随后又会突然变得很焦虑并努力寻找母亲。然而，当他们找到母亲时，他们似乎并不乐意与她接触，想再次挣脱她。实际上，他们的行为呈现了一幅典型的矛盾图像。

23名婴儿中余下的4名婴儿的行为表现被认为处在以上两组婴儿的中间。我将他们划为Y组。

由于在婴儿出生后，研究者每3个星期都会在婴儿家中花3小时观察和记录婴儿与母亲的互动，因此他们拥有许多可供评定母亲行为的一手资料。安斯沃思用4个不同的9点评分量表来做这些评估。由于这些量表的相关系数很高，因此在此我们只呈现一个量表。这个量表测量的是母亲对于婴儿发出的信号的敏感或不敏感程度。一位敏感的母亲能够及时接收到孩子的信号，正确地解释它们，迅速而适宜地对它们进行回应；一位不敏感的母亲常常注意不到孩子的信号，当她们注意到的时候会错误地理解这些信号，然后迟钝而不适宜地对它们进行回应，又或者完全不回应。3组婴儿的母亲都接受了量表评估测试，我们发现X组8名婴儿的母亲的得分都很高（从5.5到9.0），Z组11名婴儿的母亲的得分都很低（从1.0到3.5），Y组4名婴儿的母亲的得分居中（从4.5到5.5）。3组的得分在统计上差异显著。

坦白地说，在我们非常自信地下结论之前，还有必要做大量深入的研究。然而，在这些12个月大的婴儿中看到的人格发展和母婴互动的整体模式与他们在随后的年月中的人格发展和亲子互动模式是非常相似的，因此我们认为前者可以预测后者。至少，安斯沃思的研究结果表明，如果孩子的母亲是敏感的、可亲近的和有求必应的，并且接纳孩子的行为，肯与孩子合作，那么正如一些理论所预测的那样，这个孩子不会成长为一个苛刻而不幸的孩子。很显然，这类养育模式同12个月时有一定的独立性、对母亲高度信任、对母亲的陪伴感到愉快的孩子是匹配的。

相反，那些对孩子发出的信号反应很迟钝、忽略孩子、用武断的方式干预孩子的活动、粗暴地对待孩子的母亲，她们的孩子常常是不幸和焦虑的。任何见惯了心理失常的儿童或青少年的临床医生都不会对此感到诧异。

虽然安斯沃思通过研究证明母亲对婴儿的反应模式与婴儿对母亲的反应模式高度相关，并且这一结果得到了后续研究的支持，但是仍有人认为决定母婴互动质量及发展方向的是婴儿而不是母亲。他们认为，一些婴儿天生就是有问题的，母亲对他们的不良反应是意料之中的。

相关研究并不支持这种观点。比如，对出生三个月的婴儿的观察表明，婴儿哭泣的频率与母亲对待他们的方式并不存在相关。然而在第一年末，和那些让婴儿继续哭泣的母亲相比，那些能够即刻注意到婴儿哭泣的母亲，她们的孩子的哭泣频率相比三个月大时要低很多。

其他相关研究也支持这一观点，即母亲对母婴互动的发展负主要责任。

在对自己的家庭进行观察后，安斯沃思给出了一个生动的解释。她描述了自己是如何坐在家中，听着婴儿的哭声，并计算着何时该做出回应。在一些案例中，母亲会尽可能长时间地坐在外面，直到不能忍受孩子的哭声为止。她们认为及时做出回应对婴儿来说是件坏事，会让婴儿哭得更厉害。这是一种安斯沃思极力反驳的观点。在其他案例中，母亲可能正在忙其他事情，以至于无法去到婴儿身边。然而，在另外一些案例中，母亲似乎根本没能注意到她的婴儿正在哭。这种情境是如此令人痛心，以致观察者常常无法坐视不管。通常，这些母亲患有焦虑和抑郁，也确实没有能力参与到其他事情当中。

显然，我们要想对类似的情况——它们表明不同的儿童有着不同的经历——做出详细而精准的观察，只有通过以上那些研究者运用的方法才可以实现。如果观察者不去直接观察正在发生的事情，而仅仅依靠母亲的讲述，那么在许多案例中，他们对母婴关系的理解将是完全错误的，并且将无法发现儿童的发展方式同父母对待他的方式之间的显著相关。正如我们所见，当我们运用可靠的观察法时，即便是在极小的样本中也可以发现显著的相关。

在强调母亲主导了母婴互动的模式时，我并不想责怪谁。就此而论，照顾婴儿、学步孩子或更大的孩子是一个非常艰难而吃力的技术活儿，甚至对于那些拥有快乐童年的母亲、得到丈夫或者自己母亲的帮助与支持的母亲、没有接受“溺爱孩子是有害的”这一错误观点的母亲来说，这仍然是个费力活儿。那些没有这些优势的母亲常常陷入情绪困扰之中，这样情况并不少见，对此我们应该予以理解。然而，毫无疑问，不敏感的母亲外加被母亲拒绝、和母亲分离、被母亲威胁抛弃的经历对儿童的负面影响是巨大的。这些经历在很大程度上增加了儿童对丧失母亲的恐惧，增加了他对母亲在场的需求和对母亲离去的愤怒，并且可能会使他对于同任何人发展出一段安全而互爱的关系都感到绝望。

虽然在如今的精神分析圈子内这类观点已广为接受——这要得益于巴林特、费尔贝恩、温尼科特以及其他大师们的影响——但我认为，要让如今的精神分析师理解这些观点对于精神分析之理论和实践发展的启示，还有很长的路要走。

让我通过对一类病人所呈现的病理学和治疗学问题的思考来阐明这一观点，这些病人在英国被描述为拥有分裂型人格（Fairbairn，1940）或假性自体（Winnicott，1960），在北美地区则被称作边缘型人格或病理性自恋（Kohut，1971；Kernberg，1975）。

这类病人呈现出的是一种独立自信和情感自足的画面。他们绝不会对任何人负责，当他们完全进入一段关系之后，他们要确保自己有绝对的控制权。在大多数时间，他们可能看上去会把事情处理得很好，但是有时他们会变得抑郁或出现一些身心症状，常常他们自己也不知道缘由。只有当症状或抑郁变得很严重时，他们才有可能去寻求治疗，并且他们更可能选择吃药而非接受分析。

当这类病人来做分析时，他们会小心翼翼地与分析师保持距离，并极力控制接下来要发生的事情。他们告诉分析师的信息很清晰，会回避任何与情感相关的问题，除了说自己有多么无趣之外。当分析因为假日或其他原因中断时，他们反而欣然接受，因为他们觉得这节省了他们的时间。尽管他们可能认同分析是一个“有趣的练习”，但并不会觉得很有用。不管怎样，他们有可能通过自我分析而做得更好。

当然，有大量研究者都在讨论以上情况呈现出的病理学和治疗学问题，但是无论研究者在哪个问题上达成共识，都肯定不是在病因学问题上。温尼科特（Winnicott，1960，1974）明确地指出，这些情况的发生是因为早期环境的不利，他称其为“不足的养育”。而科恩伯格（Kernberg，1975）在其系统性的论著中，只用几个容易错过的段落说明了早期养育对儿童发展的影响，引用的相关文献也很少。

坦白地说，最为重要的事情是，在适当的时候我们应该就这一问题达成共识。对此，我认为，我们不应该不加选择地挖掘一切能够挖掘到的数据。在一些情况下，来自流行病学的调查数据是很有意义的，但是对于解决我们的问题并无多大助益。我认为，为了解决我们的问题，来自对病人的分析和对幼儿及其母亲的直接观察的数据是必不可少的。

关于从分析中获取数据，我很怀疑，审视精神分析文献，并且将所有记录了这些病人的童年经历信息的案例报告放到一起，对某些眼界开阔的人来说会有很多收获。就目前已知的信息来看，温尼科特的观点是对的，即这些病人都有着动荡的童年，没有得到足够好的养育。由于我没有做相关调查，因此我只能阐明那些我十分确信的发现。接下来的内容来自深受温尼科特的观点影响的三位分析师的案例报告。

首先是一份来自唐纳德·温尼科特的遗孀克莱尔·温尼科特的案例报告（Winnicott，1980）。案例中的病人是一位41岁的职业女性，她呈现了一副典型的情感自足型人格的图像。那时她出现了多种身心症状。在经过大量的分析之后，她才肯触及自己的童年事件。因为她的母亲是一名全职工作者，所以她由一名德国女人照料，而这个德国女人在她两岁半的时候突然离开了。然后又过了6个月，有一天，母亲带她去和一个朋友喝茶，之后她发现母亲消失了，而自己却独自躺在一张陌生的床上。第二天，她被送往一所寄宿学校，母亲的朋友在里面当宿管。她在这所学校里一直待到9岁，假期也总是在那里度过。她似乎对那里的生活适应得不错。但从那之后，她的情感生活变干涸了。

第二份案例报告来自佩德（Pedder，1976）。在这个案例中，一位年轻的教师在她二十多岁的时候表现出的人格和症状与上述克莱尔·温尼科特的病人极为相似。在初始访谈中，她给予了自己的童年一幅理想化的图像。随着分析的继续，她谈到在自己18个月大时，母亲再次怀孕，于是她被送到了阿姨那里居住。6个月后，她感到阿姨对她来说比自己真正的母亲更像自己的母亲，她不想回自己家，认为那是痛苦的。从那以后直到她10岁，她因另一次的分离经历而受到了惊吓。但接下来，她“像关水龙头一样关掉了”自己的焦虑，她的大部分情感生活随着焦虑的消失也不见了。

第三份案例报告来自林德（Lind，1973）。在案例中，一位23岁的研究生患有严重的抑郁症并准备自杀，然而他认为，自己的精神状态不是一种疾病，而是“一种生活哲学”。他是大家庭中最年长的孩子，在长到三岁时已经有两个同胞了。他说父母经常吵架，恶言相向。在这个家庭刚组建的时候，父亲在离家很远的地方接受长时间的职业培训。母亲则处于一种情绪紊乱状态。她时常对吵闹的孩子感到抓狂，会把自己锁在房间里数天。有几次，她带着女儿离开家，但将儿子留在家中。

他说他曾是一个不幸的小孩，一个可怜的滥食者和沉睡者，经常独自长时间哭泣。他哭泣是为了控制父母并得到父母的溺爱。他记得自己在得阑尾炎时整晚呻吟而无法睡眠，但父母什么都没做。第二天早上，他的病情恶化了。随着分析的继续，他想起在小的时候，当弟弟妹妹哭闹时父母什么也不做，对此他常常感到抓狂，想要报复父母和杀死父母。

他总感觉自己像一个被遗弃的孩子，并对自己为何遭到拒绝感到困惑。他说在学校的第一天是他生活中最糟糕的一天。那一天在他看来意味着母亲对他的“终极拒绝”。那一天，他感到绝望，并不停地哭泣。此后，他开始隐藏自己对爱和支持的所有渴望，他拒绝向他人寻求任何帮助，也拒绝为他人提供任何帮助。

如今，在治疗中，他很害怕自己会崩溃、哭泣，想要得到安抚。他确信，这会让他的分析师认为自己是一个讨厌的人，觉得他的行为只是在寻求关注。假如他不小心对分析师说了任何私密的事情，他就会想要冒犯分析师，并把她锁在房间里。

在这三个案例中，病人的崩溃都是随着重要而脆弱的关系——在这段关系中，关系的双方对对方都有所保留——的坍塌而出现的。

在治疗这些病人的过程中，三位分析师都采取了温尼科特所使用的技术，即允许“依赖感”的自由表达，使得病人对自己发展出了强烈而焦虑的依恋。“依恋”是我更倾向于运用的术语（Bowlby，1969，1973）。这可以帮助病人拾回他或她在童年时期所丧失的情感生活，并重塑“真实自体”，取得了很好的治疗效果。

不可否认的是，这三个案例的发现证明不了什么。然而，它们颇具启发性。目前来看，它们能够支持温尼科特的病因学理论。即便如此，我们仍然可以质疑病人回忆起的童年事件是否真实，这些童年事件是否果真如病人所说，对他们的情感生活产生了重大影响。（被这三个病人视为转折点的事件如果发生在他们的第二个生日以后的话，那就毫无价值了。）

如果我们仅仅依靠回溯法以及从分析中得到的有偏差的证据，那么关于病因学的争论就永远不会停歇。我们需要的是一种不同类型的证据，以便进行交叉检验。在此，我认为对儿童及其母亲的直接观察可能会非常有用。那么，是否有证据——从直接观察中而来——能够表明儿童的情感生活受到了和母亲相处的相关经历的影响呢？答案当然是有很多。

在这里，我首先要指出的是罗伯特森（Robertson，1953）所做、而后由海尼克和韦斯海默（Heinick & Westheimer，1965）所证实的观察。这个观察针对的是12—36个月大的儿童在远离家庭的陌生地方——育婴所或医院——由陌生人照顾，并且在没有人能作为其母亲的替代者时，他们是如何表现的。在这种情况下，儿童迟早会变得麻木不仁，就好像得到照顾或者同他人交流都失去了意义。他的监护人来来去去，他不再依恋于任何人。在他回家之后，他会在几天里与父母保持距离。如果他得不到父母“共情性”的对待，那么与父母保持距离的时间可能会持续很久。

此外，可以肯定的是，儿童可以在没有任何重大分离事件发生的情况下发展出“防御性麻木”，以应对拒绝自己的母亲。我们可以在马勒（Mahler，1971）的观察记录中找到相关案例。此外，安斯沃思的同事梅因（Main，1977）曾对一组12—20个月大的儿童进行了一项特别的研究。他发现，每位儿童在母亲将其留在陌生人身边几分钟后，当母亲返回时不仅没有欢迎母亲，反而有意回避她。在观看梅因的一些录像时，一些儿童回避母亲的行为着实让我吃惊。其中一个儿童短暂地靠近母亲，但会将脑袋转开，随后便从母亲那里撤离。另一个儿童没有靠近母亲，而是面朝房间的某个角落，就像接受处罚一样，然后以脸贴地，跪了下来。我们可以从后续的录像中看到，这些儿童的母亲在同他们玩耍时与那些没有回避行为的儿童的母亲是不同的：她们看起来“愤怒、不善于表达、不喜欢与孩子发生身体接触”。有些母亲会用愤怒的语气责骂孩子，有些会欺骗孩子，另一些则会嘲讽孩子。很明显，那些有回避行为的儿童可能是在通过远离母亲来避免再次受到伤害。

目前来看，借助对母婴互动的直接观察，温尼科特的理论得到了进一步的支持。用我自己的话来说，那些儿童（后来长大成为成人）害怕被自己所依恋的人拒绝，害怕随之而来的痛苦、焦虑和愤怒，因此他们害怕自己依恋于任何人。这使得他们不敢表达自己想要得到一段亲密而互信的关系以及得到关怀以及安抚和爱恋的欲望。

这个解释虽然比某些文献中给出的解释要简单许多，但是它很好地说明了这些人在日常生活中以及与我们这些分析师们在一起时是如何表现的。他们不可避免地将他们对进入一段关系的恐惧带进了分析之中，这也被我们称为阻抗。接下来，当他们的情感世界在整体上恢复后，他们非常希望我们能够像他们记忆中的父母那样对待他们。然而，这会使得他们活在遭受拒绝的恐惧之中，并且一旦他们怀疑我们会抛弃他们，就会变得非常愤怒。此外，我们可以发现，他们对待我们的方式——虐待和拒绝——似乎是他们记忆中自己小时候被父母对待的方式的重现。

在解释这些病人在分析中的表现时，我会提出大量相互关联的假设。在研究中，每种假设都需要得到进一步的检验。在诸多方法中，我想要证明的是直接观察母婴互动这种方法的价值。另外，在对病人进行分析的过程中，我们会发现一些需要做进一步观察的地方。但我相信，如果要充分发挥临床研究的潜力，那么我们就必须诉诸一种更加系统和直接的方式。

详细记录这些病人在每个周末、每次假期以及每次分析中断前后的反应以及分析师的处理方式是非常有价值的。这可以让我们了解病人在这些情况下呈现出的一系列反应以及随后的变化。详细记录主要的治疗性变化发生的条件也是特别有价值的。如果在一个合作性的研究项目中，我们可以持续追踪大量这类病人的情况，那么我们就可以发现，对病人与父母相处的痛苦经历以及这些经历如何影响了他们对待他人的方式进行坦诚而详尽的讨论会促进治疗，还是如一些分析师所言，会阻碍治疗。

在开展研究项目的时候，分析师自然要谨记自己的职责。因为这些职责在那些呈现出假性自体的病人身上会非常麻烦。温尼科特称这些病人在治疗期间会经历一段“极度依赖期”，他告诫说：“那些没有准备好满足在‘极度依赖期’变得极度依赖的病人之需求的分析师必须慎重选择自己的病人，他们的病人中不能包含那些有假性自体的病人。”

这将我带回到了治疗的艺术。通过“成为我们自己”来为病人提供发现温尼科特所说的“真实自体”或者我所说的“依恋需求”的条件不是一件容易的事情。一方面，我们必须值得信赖，尊重我们每个人拥有但病人却丧失掉的对情感和亲密的渴望。另一方面，我们不能提供超出我们所能给予的东西，也不能比病人走得更快。达到这种平衡需要靠我们的直觉、想象和共情，也需要我们对病人的问题和我们要做的事情有深刻的理解。这就是为什么我们应该运用科学的方法对病因学和精神病理学问题进行澄清，并且让分析师认识到个体从出生到青春期的家庭经历会对个体情感生活的发展产生重大影响。只有这样，我们才能符合弗洛伊德在他所写的最后一篇论文——在这篇论文中，他关注的是病人症状中“最核心的事实”，以及分析中建构的治疗价值——中提出的严格要求。他写道：“我们所追寻的是病人遗失多年的记忆图像，这些记忆都很可靠，并且在本质上是完整的。”

第四章
作为自然科学的精神分析

1980年秋，我被伦敦大学学院任命为精神分析学的客座教授。在就职演说中，我回顾了两年前我在加拿大谈到的主题。我认为精神分析是自然科学的一部分。我对反对这种观点的声音感到忧虑。精神分析不是一门自然科学，而是一门解释学。在我看来，这不仅是一种关于自然科学的过时想法的产物，还是一种绝望的忠告，因为解释学中往往并不存在一种能够解决分歧的标准。

每一个提出新的理论观点的精神分析学家都会遇到的批评是：自己的理论“不属于精神分析”。当然，这样的批评取决于我们如何定义精神分析。然而非常不幸的是，依据弗洛伊德的理论来进行定义太常见了。这同根据研究对象以及要解决的问题进行定义的学科标准形成了鲜明的对比。在这类学科中，进步是以理论的变化为标志的，有时可能是革命性的改变。我认为，只要精神分析学家继续用某些特殊的理论来定义精神分析，他们就不能抱怨自己的学科被学院派人士所轻视。另外，这样的定义方法被人谴责为“一种僵化的方法”。

接下来的内容同原稿有诸多不同，尤其是缩短了对先前演讲中已经解决的问题的讨论。

早在1895年弗洛伊德就提出了精神分析的理论框架，但直到1938年，也就是他去世的前一年，他才最终决定让精神分析遵循自然科学的要求。因此，在他（Freud，1950）所著的《关于科学的心理学》一书的开头，他写道：“我们的意图是使精神分析繁荣发展，而精神分析应该成为一门自然科学……”此外，他（Freud，1940）在《精神分析大纲》一书中提到，一旦“心理过程是无意识的”这一观点被人们所接受，那么“心理学就能像其他学科一样，被看作一门自然科学”。

不可否认，在过去这么多年里，弗洛伊德关于精神分析这门学科的范围的观点已经发生了相当大的变化。早期他认为心理过程是关于“具体物质粒子的特定状态”（Freud，1895），后来，他把精神分析定义为“关于无意识心理过程”的科学（Freud，1925）。但是，从最初到最后，毫无疑问，弗洛伊德对“精神分析是什么样的学科”的看法是一致的。

尽管弗洛伊德的意图很明显，但精神分析的“科学身份”

依然是含糊的。一方面，正统科学家们认为它是一门伪科学，因为不管它包含多少真理，它看起来都“不可证伪”。另一方面，一些对弗洛伊德的理论的不足之处感到失望、完全沉浸在临床工作中的精神分析学家抛弃了弗洛伊德的设想，声称我们不应该将精神分析看作一门自然科学，而应该关注它的人文性（Home，1966；Ricoeur，1970）。谢弗（Schafer，1976）和乔治·克莱茵（Klein，1976）都信奉这样的观点，并提出了替代弗洛伊德的主张的新观点。尽管这些新观点各不相同，但它们却如同没有王子的《哈姆雷特》。在谢弗的理论中，所有关于因果论和本能冲动的观点都消失了，同样消失的还有关于压抑和无意识心理活动的观点。

梅兰妮·克莱茵提出了完全不同的观点，巧妙避免了上述缺点。但是我们很难说她进行的研究就符合科学标准。

但是，所有精神分析学家都对将精神分析发展为一门自然科学充满信心。因为意识到弗洛伊德的概念框架的缺点，有些人试图用符合当下科学标准的全新概念框架取而代之。这个全新概念框架的核心是一些来自系统论和对人类信息加工过程的研究的观点。相关研究者包括鲁宾斯坦（Rubinstein，1967）、彼得弗洛恩德（Peterfreund，1971，1982）、罗森布拉特和希克斯唐（Rosenblatt & Thickstun，1977）、格得（Gedo，

1979）以及我本人（Bowlby，1969，1980）。此外，许多精神分析学家通过直接观察法来研究儿童的社会和情绪发展，以便扩展精神分析的数据库。这些研究中的一些是非理论的，比如奥弗（Offer，1969）的研究。其他一些研究者试图将实证研究的“新酒”注入理论框架的“旧瓶”中，例如斯皮茨（Spitz，1957）、马勒等人（Mahler，Pine & Bergman，1975）。另外一些人，如桑德（Sander，1964，1980）、斯特恩（Stern，1977）和我本人（Bowlby，1958，1969，1973），在探索新的理论模型。我的研究不仅导向控制论和信息加工论，而且导向以生物学为基础的行为学和比较心理学。精神分析并不缺乏新的理论。到底它们中的哪种理论或哪些理论的结合会带来最多的研究成果，我们拭目以待。在这里，我的目的是说明我本人的理论，以及为什么我认为它是有前景的。

在先前的章节中，我描述了一些我对小孩离开父母、在陌生环境中与陌生人相处一段时间后的反应的观察——这也促使我将此作为研究重心——以及这些观察是如何促使我提出依恋理论的。我据这些观察得出的最重要的发现是，人类诞生到这个世界上，只要给予合适的环境，就会发展出一系列行为模式，导致他或多或少会去主动接近照顾他的人，从而让自己免受大量的外在危险——特别是被捕杀的危险——

的威胁。

安斯沃思（Ainsworth，1967）所做的关于母婴关系的研究表明，母亲或者母亲的替代者可以给孩子提供一个安全基地，让孩子安心去探索外部世界。这一观点颇具临床价值。一个在充满爱的普通家庭中成长的婴儿在第一年的最后几个月会明显偏爱照顾自己的人，当他疲倦、害怕或生病的时候尤为明显。这个被偏爱的对象通常是母亲。她的可接近性让孩子能够以自信的方式去探索世界。例如，健康的婴儿在两岁时会围绕坐在花园椅子上休息的母亲开展一系列短途的探索，在开始下一次探索之前，他们会回到母亲身边。有时，当他们回来的时候，他们会对母亲微笑，以示自己回来了。在其他时候，他们会依靠着母亲的膝盖。还有的时候，他们会爬上母亲的膝盖。但是他们从不停留太久，除非他受到了惊吓，感到疲倦或认为母亲将要离开。安德森（Anderson，1972）在伦敦的一所公园里做了一项研究。他观察到两三岁的孩子在回到母亲身边之前所走的路程很少超过两百步。当他们看不到母亲时，他们的探索就会停止。“重新得到母亲”对他们来说是第一位的需求，大一点的孩子会去寻找母亲，小一点的孩子则号啕大哭。

很明显，我们无法用心理能量的释放来解释这类行为。另一种模型（我在先前的章节中提到过）认为，孩子对母性形象的趋近是由一组行为系统控制的。在感到痛苦、饥饿或受到惊吓的情况下，这组行为系统会被激活；在接近母性形象或与之交流中，这组行为系统则受到抑制。我们认为让孩子离开母亲去探索外部世界的行为——简称探索行为——与依恋行为是不相容的，且具有较低的优先级。因此，只有当依恋行为相对来说不活跃时，探索行为才会发生。

当个体逐渐长大，他的生活会按照相同的方式组织起来，他的探索在时间上延长了，在空间上延伸了。进入学校后，他们的探索时间会以小时来计，随后就是以天来计。在青少年时期，探索可能持续几周或几个月，并且他们会寻找新的依恋对象。在人的一生当中，富有响应性的依恋对象是个体安全感的重要来源。对于我们所有人来说，从出生到死亡，最开心的日子就是那些离开依恋对象提供的安全基地进行探索的日子，不论探索的时间长短。

根据我所提出的理论模型，在个体发展过程中出现的依恋行为的显著变化一部分是由于它的激活阈限被提高（可能是通过激素水平的变化），另一部分是由于控制系统变得日益复杂，尤其是他们吸收了环境和其中重要人物的表征模型，同时也吸收了作为充满活力的个体的自体表征模型。

人类的某些行为系统的发展同其他物种的行为系统的发展一样，都是自然选择的结果，也就是说，相比那些没有发展这些行为系统的潜能的个体，那些具有这种潜能的个体得到了自然的更多眷顾，生存了下来。由于在特定情况下表现出依恋行为的倾向是人类本能的一部分，因此把依恋称为“依赖”不仅具有误导性，而且是非常不合适的——依赖这个词具有贬义色彩。

用控制论来解释依恋行为和其他本能行为，这使得行为的目的性这一问题能够在不抛弃因果论的情况下得到解决。此外，被传统精神分析忽视的因果论和功能论的区别现在变得很清楚。情绪的激活、终止与改变是因为某种以特定方式建构起来的系统获取了某种特定的信息。在情绪激活引起的多种结果中，假定为生物性功能的结果导致了在种系发展期间得以演化的系统。以依恋行为为例，这种功能是降低个体受到伤害的风险。

在这一分析阶段，关于个体是否意识到自己在做什么以及他为什么这样做的问题是毫不相干的。事实上，这类问题并不比个体是否意识到自己在呼吸以及他为什么呼吸这样的问题更有意义。有着重要功能的生理系统，不管在行为还是生理水平上，都具有自动运作的能力。在人类婴儿长到一岁时，他一般能够意识到自己在做什么以及终止该行为的条件。这一点很重要，因为只有当儿童能够意识到终止自己行为的条件时，我们才能够开始谈论意图，谈论他获得某一特定目标的欲望，谈论当他达到这一目标时他的满足和快乐，当他没能达到这一目标时他的沮丧、焦虑或愤怒，谈论带来快乐的满足感以及带来痛苦的挫败感。

在这一点上，我希望强调一下终止某一特定行为的必要条件同这种行为的生物学功能之间的明显区别。以童年期的依恋行为为例，我们通常希望母亲和孩子都能意识到终止这种行为的必要条件，至于这种行为的功能我们并不想了解。对于进食和性行为来说也是如此。我们中的大多数人都知道吃东西可以减轻饥饿，我们在吃中寻找乐趣。但是只有专家才会关心它的营养功能。类似地，性欲可以在没有意识到生育功能的情况下得到满足。在两个案例中，除了专家之外，其他人只会关注以某种特定的方式行事，获得终止特定行为的条件，而不会去关注行为的生物学功能。事实上，当我们受到某种生物本能的驱使时，我们会编造与我们出于生物本能做出的行为几乎毫不相关的“理由”。例如，一个小孩或成人为了减少在黑暗中本能地对陌生声音做出反应的倾向，他会去寻找自己的依恋对象，而他对这种依恋行为的解释是他怕鬼，就好像那些被催眠的人事后会为自己的行为寻找一个合理的“理由”那样。

终止某一特定行为的必要条件与这种行为的生物学功能的区别是我区分生物学领域与心理学领域的标准之一。另一个标准是，行为系统及激活和终止行为的条件与我们对达到某一目标的需求的觉察及为达到目标所做的努力之间的区别。

早前我曾提到过，为了理解个体的发展，我们有必要考虑个体的发展环境。在这一环境中，每个个体都是作为天生拥有某种基因潜能的个体得到发展的。生物学家沃丁顿（Waddington，1957）提出的发展路径非常有助于我们理解个体的发展。

在沃丁顿看来，人类的人格是一种不断朝着一系列可能的路径发展的结构。所有的路径紧密联系在一起。个体可以获取多条路径，沿着任意一条都可以到达目的地。个体所选择的路径激活了有机体和环境之间的互动。在胚胎发育阶段，新形成的基因组会和胚胎环境进行互动。在出生后，新生儿的生物性结构——包括他原始的心理结构——会同他的家庭环境进行互动。每个年龄阶段形成的人格结构会与家庭以及社会环境进行互动。

在胚胎发育阶段，个体可选择的所有潜在发展路径是由他的基因组的构成所决定的。在发展的过程中，结构逐渐变得不一样，个体可选择的路径数量会越来越少。

我认为，影响每个个体人格发展的主要变量之一是依恋行为的发展路径。这种发展路径在很大程度上是由个体在婴儿期、儿童期及青春期被父母对待的方式决定的。个体与父母相处的经历对人格发展的影响是通过它们对个体如何构建自己的世界以及个体期望依恋对象如何对待自己——两者都是个体在童年期构建的关于父母的表征模型的衍生物——的影响实现的。有证据表明，个体关于父母的表征模型在潜意识水平下倾向于保持相对稳定，能够准确地反映出父母对待他们的方式。此外，异常行为和神经症症状被看作个体目前发展出的人格和所处的环境进行互动的结果。

让我们在这里停一下。在描绘我所钟爱的概念框架时，我提到了很多对你来说同传统理论不一样的观点。例如，先前提到的动机理论非常不同于弗洛伊德的精神动力理论和驱力理论，发展路径理论也不同于弗洛伊德的性欲期、固着以及退行理论。此外，依恋行为被看作不同于进食、性行为的一种本能行为，是贯穿一生的个体特征。这些区别源自哪里呢?

在弗洛伊德孕育精神分析的过程中，他对生物学产生了浓厚的兴趣，用生物学思维思考心理学理论。他研究了达尔文及其他生物学家的理论。在20世纪初，达尔文关于物种变异和自然选择的进化理论尚未成为一种主流理论。那时，拉马克关于“后天遗传”以及“需求的内在感受”对动物结构的影响的理论大受欢迎。拉马克的理论和海克尔的生物起源法则——声称个体发育概述了系统发育——都忽视了一个事实：选择压力贯穿于生命周期的所有阶段，新的物种通常是早期某种物种的不成熟形态（幼态持续）。我们知道，弗洛伊德深受拉马克和海克尔的影响，他把他们的观点反复地推荐给自己的学生。[①]这导致他的所有理论都建立在长期被生物学家所摈弃的法则之上。

因此，如果精神分析想要成为一门基于健全的生物学法则——如弗洛伊德所推崇的那样——建立起来的自然科学，那么我们就必须大刀阔斧地改变它的某些基本假设。我基于新达尔文主义以及发展心理学的最新成果、人类信息加工理论建立的理论框架，就是这样一种尝试。

---

① 关于弗洛伊德对拉马克观点的推崇详见厄内斯特·琼斯（Jones，1967）所著的《弗洛伊德传记》第3卷第10章。海克尔的生物起源法对弗洛伊德的影响则详见詹姆斯·斯特雷奇所译的《摩西与一神教》的脚注，以及弗兰克·萨洛韦对弗洛伊德的超心理学之起源的调查（Sulloway，1979）。

我认为，尽管精神分析是一门关于发展的学科，但是它关于发展的概念却成了它的软肋。它的许多最有影响力的概念——比如性欲期——都是直接源于海克尔的观点。因此他在《精神分析引论》中写到，自我和力比多的发展应该被看作全人类从形成初期开始所经历的发展阶段的重演（Freud，1917），此外他还从系统发育的角度来理解力比多的发展。在他同一时期发表的案例研究中，他把儿童观察父母性交、被异性父母吸引的倾向以及被阉割的恐惧等归因于一种遗传禀赋，一种系统发育性的遗产。他认为俄狄浦斯情结处于一种"系统发育性的遗传图式之中"（Freud，1918）。他在最后的著作中重述了以上这些观点（Freud，1939）。

现在，几乎没有分析师会赞同弗洛伊德的原始构想。但是毫无疑问，这些构想不仅教会了我们一些东西，而且促进了我们对情绪和社会发展的普遍假设的理解。因此，基于治疗期间的观察和推测的重构之地位不容置疑，而来自发展心理学领域的相关研究成果仍未受到重视。由于在许多之前出版的论著中，我已对来自发展心理学的相关研究成果的重要性进行了强调，因此，我只需要强调的是，精神分析关于发展的概念应该被再次检验，其中大多数概念在适当的时候会被那些通过直接观察来研究婴幼儿情感纽带发展的人提出的概念所取代。很多临床医生利用自己掌握的传统理论来解释相关现象，但我相信，如果他们熟悉安斯沃思（Ainsworth，1977）、纽森夫妇（Newson & Newson，1977）以及科尔温和特里瓦什（Colwyn & Trevartheng，1979）的理论和研究成果，那么他们就会放弃那些传统理论了。

尽管很多精神分析学家不知道以上提到的那些研究的价值，或者根本不知道它们的存在，我仍然感到高兴，因为越来越多的分析师把它们应用到病人的治疗中。不妨让我们转向临床领域，看看一位加利福尼亚的分析师对治疗一名女病人的描述。他把女病人的多数问题归因于父母的离婚以及她五六岁时待在养育机构的经历，我认为这是正确的。这种解释[①]不仅说明了病人的相关成长经历引起了各种痛苦的个人问题——包括激烈的矛盾——而且说明了我提出的概念框架如何能够解释这些防御性和情感性的问题。

> G夫人前来治疗的原因是她感到烦躁和沮丧。正如她所说的那样，她感到自己充满了仇恨和邪恶。另外，她发现自己对丈夫很冷淡，情感分离，她想知道自己是否有能

---

① 这里给出的解释出自托马斯·明茨在美国精神分析协会以“五岁前客体丧失对成年人的影响”为题组织的研讨会上的报告。

力爱任何人。

G夫人3岁时，父母离异。她的父亲离开了家，她的母亲开始长时间地工作，没有时间陪她。一年后，当G夫人4岁时，她的母亲把她送到一个孤儿院，待了长达18个月。此后，尽管她又回到了母亲身边，但家庭关系却很不愉快。G夫人在十几岁的时候就离开了家，她在21岁之前已经两次结婚、离婚，目前的丈夫是她的第三任。

在分析的早期阶段，G夫人非常不情愿回忆童年的痛苦事件。当她这样做时，她开始崩溃、哭泣和抱怨。她的分析师鼓励她继续深入，回忆细节，因为他相信这会帮到她。与此同时，分析师会关注他们的这段治疗关系，正如预期的那样，G 夫人的所有人际困难都会在其他亲密关系当中重现。

在那些痛苦的童年事件中，G夫人回忆起自己被迫与宠物分开而被送去孤儿院时是多么难过。有时她会梦见那段不知所措的时光。她回忆起自己在所有孩子当中是多么渺小，她没有玩具，并遭受了严酷的惩罚。有时，她故意不守规矩是为了挨揍（这至少意味着她得到了一些关注——约翰·鲍尔比注）。

经过4年的分析，G夫人由于经济困难决定中断治疗

6个月。不可避免地，她与分析师关系中的情感冲突变得更加严重了。她现在经常做梦，甚至会做一些有关分析师的白日梦。她第一次意识到分离是痛苦的，就像她所说的那样，分离总是惹她生气。她的原话是："愤怒让我难过，因为这意味着结束……我害怕你会离开我，把我赶出去，或者推开我。"分析师问她，在她被送去孤儿院时她的感受如何。她的回答是："我只靠自己，自己照顾自己。"。

几个月后，治疗趋近结束，她把自己对分析师的感受与她早年对母亲的感受联系起来。"我不想放开我的母亲，我不想让她走，她不应该抛弃我。"分析进行到这个阶段，她恢复了对爱和关怀的渴望以及指向那些曾经否认过她的人的愤怒。

这个女人身上所发生的剧烈变化在其他事件中得到了确认。例如，在分析的早期，她对自己养的一只猫的死亡非常冷漠。正如她随后的解释："如果我让这件事伤害我，那么所有事情都会伤害我，一件事情会引发其他事情。"但在分析快要结束的时候，另一只猫也死了。这一次，她哭了。

虽然治疗恢复了这个病人对生活的感受，使得她能够改善人际关系，包括与母亲的关系，但是正如分析师预期的那样，一次五年后的回访显示，她在引起焦虑、悲伤的情境，如分离、丧失中，仍然是脆弱的。

让我们来看下这个女人所发生的变化。她在临床上被描述为患有精神分裂症（Fairbairn，1940），拥有假性自体（Winnicott，1960，1974）或自恋型人格（Kohut，1971）。分析之前，她感到情感分离，怀疑自己是否有能力爱任何人，对丧失感到冷漠。现在她意识到自己多么渴望爱和关怀，在被拒绝的时候是多么愤怒，丧失会让她哭泣。因此，在与之前情感表达受到压抑的情境相似的情境中，她出现了承载着强烈情感的反应。

传统理论会用一个关于水压的隐喻来解释这些变化：被大坝堵塞的情感现在得到了释放。大坝被视为抵抗过量刺激的一种防御，以防自我被吞噬。其他解释涉及生命早期发生的心理过程，例如自恋期固着以及死本能的投射所导致的自我分裂。

我认为，对于这名女病人的情况，有一个解释更符合我们当前有关儿童情感纽带发展的知识，并与我们对人类信息加工过程的理解相一致：早年，长期的依恋行为受挫给她带来了极大痛苦，这种痛苦被体验为迫切渴望爱和关怀的挫败，这使得她调控依恋行为的行为系统失效。因此，关于依恋的欲望、想法和情绪不会出现在她的意识层面。失效的原因可以被这样理解：个体在信息加工过程中会选择性地排除导致系统激活的任何信息。

相关实验研究表明，这种选择性排除就蕴含在认知装置的功能之中（Dxion，1971；Erdelyi，1971）。我称之为防御性排除，并且认为它需要持续的无意识认知活动。行为系统保持完整，原则上能够被激活，有时会出现短暂的激活，这些事实可以解释令弗洛伊德提出无意识和压抑理论的所有现象。事实上，我提出的防御性排除只不过是压抑的另一个名称，它更符合这里我所提出的概念框架。

我们可以如此理解这个病人的变化：分析师提供的相对安全的环境使得病人发展出足够的勇气，允许迄今为止被排除在外的某些信息得到处理。这包括源于现实情境的信息，例如分析师对病人的真正的关心、病人被唤醒的冲突性想法、情绪与行为，也包括病人存储在记忆中的信息，例如童年的痛苦事件及其引起的想法、情绪和行为。一般来说，这两种来源的信息会交织在一起。当然，一旦个体接受了相关信息，他的依恋行为就会被重新激活，与之相关的冲动、欲望、想法和情绪也会随之出现。用传统的术语来说，就是潜意识转化为意识，压抑的冲动和情绪得以释放。

与病人在一起，分析师的任务常常是让病人关注分析师认为重要的记忆，鼓励病人回顾而不是回避这些记忆。当然，这样做的时候分析师会受到他们所接受的人格发展理论和精神病理学理论的指导。因此，不同学派的分析师可能会持不同的看法。对个体的发展来说，一些人认为出生后头几个月的喂养、断奶和幻想是重要的事件，另一些人则认为个体两岁时的如厕训练或目睹原初场景是重要的事件，还有些人认为个体三四岁时的俄狄浦斯情结是重要的事件。在G夫人的案例中，分析师关注的是儿童在早期与母亲长期分离的反应。

我们认识到，并不是每个在养育机构待了18个月的五六岁孩子都会沿着G夫人的这一心理路径发展。在她的案例中也有其他因素在发挥作用。在思考它们可能是什么的时候，G夫人在分析最后阶段的表述给了我很大的启发，例如：她怕她的分析师“把她赶出去”或“把她推开”以及她关于母亲不应该“抛弃”她的信念。这表明母亲管教她的方法可能是不断威胁要送她回孤儿院。我们从其他证据中得知，这种威胁是父母在管教子女时惯用的方法，这不仅会对儿童产生可怕的影响，而且有可能让其产生强烈的仇恨。如果分析师能够更好地了解阻碍病人发展的童年经历，那么就能更好地理解和帮助病人。

根据人格发展理论收集到的证据表明，病人回忆童年经历的治疗价值非常有限。病人告诉我们的童年事件或分析师的报告或多或少地会受到分析师的偏见的影响。这就是为什么我把直接观察儿童在秉持不同教养方式的家庭中的发展看作发展精神分析的不可或缺的条件。我认为在治疗期间的观察也有相当大的研究意义。值得一提的是，除非相关研究遵循更系统的路线，并且研究者不断比较在治疗期间获得的数据和其他来源的数据，否则其研究意义将会被忽视。

治疗情境的研究意义不在于它能告诉我们病人在过去发生了什么，而在于告诉我们病人当下的人格功能障碍是什么，尤其是一个人在形成安全依恋方面的功能紊乱以及改善这种紊乱的条件。G夫人的案例可以作为一项研究计划的导论，因为她呈现出许多人格障碍，并且在对她的分析过程中，我们有理由相信这些人格障碍是相当典型的。

通过对专著中已经存在的案例报告的分析，我们可以对出现类似的临床症状的病人随后的治疗情况进行预测。这些预测取决于分析师所采用的特定治疗技术[①]，可以通过直接观察得到证实。这些预测包括：病人可能对分析师表现出怎样的行为，谈论什么话题，避免谈论什么话题，在何种情况下表达或不表达某种情感。我们应该特别关注与某类事件——在病人的日常生活中和分析过程中都会出现——相关联的行为、话题及情感的变化。在分析过程中出现的事件应包括分析师的行为、他会说什么以及他以何种方式来说，特别是那些由于假期、疾病或其他情况导致分析中断的情形。当然，对会话进行录音以避免有偏见的报告是必要的。

遵循上述建议，我们有可能在一段时间内收集到两种不同来源的数据。通过直接观察不同养育模式下的儿童的情感纽带的发展，我们可以获得一组数据。通过直接观察一种治疗模式中情感纽带的变化，我们可以获得另一组数据。只要两种观察中所使用的概念框架以及各自提出的问题是一样的，我们就可以比较研究结果，检验提出的假设。

这是一种如弗洛伊德所愿，把精神分析当作一种关于人格发展和精神病理学的知识体系，并将其发展为一门自然科学的方法。

---

① 明茨采用的分析技术与唐纳德·温尼科特采用的技术有诸多共同之处，具体可参考冈特里普（Guntrip，1975）的解释。

我相信，此处勾勒出的概念框架和精神分析领域的绝大部分数据是“兼容”的，并指导了成果丰富的研究项目（Parks & Hinde，1982）。这个框架的优点是与生物学、神经生理学相兼容，比传统的框架有更大的经济效益和内部一致性。如果不能广泛检验它解决尚未得到研究的问题的能力，它的优点和缺点将不得而知。其中尚未得到研究的问题包括性发育和性异常。

最后让我们考虑一下那些认为精神分析永远不可能成为一门自然科学的人提出的问题。我们发现，他们的争论源于一种观点，即科学方法与逻辑实证主义和还原论是不可分离的。尽管这种观点在20世纪初十分流行，但现在已经被进化认识论所替代（Popper，1972；Latakos，1974）。进化认识论认为，知识是推测出来的，新的理论会替代旧的理论，相比旧理论，新理论能解释更广泛的现象，并能更准确地预测新现象。[①]这同样适用于所有的理论科学或泛科学，不管研究者研究的是物理现象，还是生物现象、社会现象。此外，由于理解任一复杂现象都需要借助复杂程度相当的概念，因此用简单的概念来理解复杂的现象是错误的。霍尔特（Holt，1981）、布莱特（Blight，

① 波普尔曾经非常强调可证伪性这一标准，然而这个标准现在已经不那么重要了。但是，学者们仍然会不断拿收集到的数据来检验根据理论提出的假设。

1981）和雷德福（Radford，1983）巧妙地讨论了如何把这些新想法应用于我们的领域。

尽管科学方法是获得相对可靠的知识、解决分歧和进行有效预测的宝贵方法，但它仍存在相当大的局限性。其一是科学处理的是一般性的问题，不会涉及单个、特殊的事件。这是物理学家韦斯科夫（Weisskoyf，1981）指出的一处至关重要的局限。对物理科学来说，这并不重要，因为物理学家和工程学家对某一原子或分子的未来状态并不感兴趣。但是对生物科学来说，这一点十分重要，因为生物学家感兴趣的是个别有机体，而个体间的差异往往很大。此外，在某些人文科学中，某些个例往往是问题的核心。例如，无论是否涉及社会、个人或想法，历史这一学科关心的总是具体的相互交织的事件，没有一种科学能够解释这些事件，更不用说预测了。因此，自然科学和人文科学的区别并不在于它们使用不同的方法获取知识，而在于它们努力理解的问题和采用的标准是相当不同的。前者关注依照可能性来形成一般规律，后者关注的是尽可能详细地了解某些特定事件。二者的区别是整个论战的核心。

很明显，在“精神分析”的标签下，两种互补的科学正在努力地发展。如果我们想了解人格发展和精神病理学的一般原则，例如为了了解何种养育模式会导致孩子形成何种人格，我们会采用自然科学的标准。当我们试图理解有效的疗法的基本特征时，也会采用相同的标准。在这些问题上，我们要计算统计概率。如果我们试图理解特定个体的特定问题，以及何种事件影响了他们的发展，那么我们会采用人文科学的标准。每种方法都有助于我们的理解，但是，正如我在前面的章节中指出的那样，只有清楚每一个问题所属的领域，我们才有可能取得进展。

第五章
家庭中的暴力

1983年春天，我受邀在精神分析促进会于纽约举行的会议上做第31届“卡伦·霍妮演讲”。我选择家庭暴力这一主题的主要原因是基于依恋理论的研究给一些悲惨的且令人困惑的问题——直到近些年才受到重视——提供解决之道。

作为分析师，我们这些年逐渐认识到家庭成员间的暴力行为，尤其是父母之间的暴力行为所带来的广泛和深远的影响。作为精神分析文献以及训练项目中的一个主题，家庭暴力并没有受到研究者的重视。然而，现有的大量证据表明，它不仅比我们想象的更为普遍，而且是一系列令人痛苦和困扰的心理疾病的主要起因。另外，由于暴力滋生暴力，家庭中的暴力还会传递到下一代。

我们应该对临床医生如此忽视家庭暴力这一现象进行研究。尽管社会工作者没有忽视家庭暴力，但是幻想仍然是精神分析关注的焦点，真实生活事件对个体的影响仍未受到重视。自弗洛伊德1897年提出“童年期欲望不过是病人幻想的产物”这一观点以来，把心理疾病归因于现实生活经历的做法就广受诟病。考虑病人的父母是如何对待病人的，患者受到父母一方或双方的暴力言语和暴力行为的影响被认为超出了分析师的工作范围。我常常被告知，这样做是受到了病人有偏见的故事的诱导，是在病人与病人父母之间“站队”，让优秀父母做替罪羊。无论如何，这样做被认为是无法帮助到患者的，甚至是不符合治疗原则的。事实上，因为父母对孩子的不良行为是分析圈中的禁忌主题，所以当我开始我的研究工作时，我决定从事有关另一类真实生活事件——分离和丧失——对孩子的影响的研究。

当然，卡伦·霍妮——今天我们因她而相聚——并没有这种偏见。相反，她十分明确地将自己许多病人的问题归因于他们儿童时期所遭受的不利影响。正如她在《神经症和人的成长》（1951）开篇所写的那样，这些不利的影响可“归结为此类事实，即环境中的人太过于包装自己的神经症而不能去爱他们的孩子，甚至不能将孩子视为特定的个体……”。她进一步列举了一些父母可能会对孩子造成伤害的方式。但是我很清楚她的同事并没有全然接受她的观点。

现在的状况正在发生改变，尽管改变非常缓慢。例如，人们不会怀疑，实在有太多孩子受到了父母的虐待，不论是语言上的，还是身体上的，或两者兼有，也不会怀疑实在有太多女性受到丈夫或男朋友的虐待。此外，通过我们对父母曾经所经历的童年生活的更多了解，现在我们对父母行为的恐惧也有减轻的趋势。尽管这种恐惧是不可避免的，但是对父母为什么会如此行事的更多理解将能够唤起更多的同情而非责难。我们非但不希望让父母做替罪羊，反而希望帮助他们。我们非但不会拒绝去看父母令人恐惧的行为，反而会寻找方法给予他们援助，不论他们年老或年轻。总之，我们寻求方法阻止暴力发生在新的家庭中。真希望“鸵鸟政策”能够早点结束。

概念框架

为了理解家庭中更为激烈的暴力事件，我们先要对家庭成员对彼此生气的案例进行了解。小孩子——以及较大的孩子——通常会嫉妒母亲对新生婴儿所给予的关注。当情侣间一方认为另一方正看着别处时，便会与对方争吵，即使婚后也如此。如果孩子做了危险的事，如跑到马路中间，母亲便会感到非常生气。同样，如果丈夫用生命去冒不必要的危险，妻子也会变得非常生气。因此，我们理所当然地认为，当深爱着的人之间的关系遭到威胁时，我们不仅会感到焦虑，而且会十分生气。面对失去的威胁，焦虑和愤怒便同时出现了。

在以上描述的情景中，愤怒通常不是毫无道理的。当孩子或伴侣做出危险的行为时，愤怒的抗议在大多数情况下能够阻止他们。当伴侣中的一方想要出轨时，另一方表明自己对此如何在意会强烈地警醒他。当孩子发现自己相较于新生儿是如此受到忽视时，提出抗议可能有助于矫正家庭中的这一失衡。因此，在正确的地点、正确的时间，表达愤怒不仅是恰当的，而且还是必不可少的。它阻止了危险行为，赶走了敌人，还挽留了伴侣。在任何案例中，愤怒行为的作用都是相同的，即保护对生气者而言具有特殊价值的一种关系。

既然如此，那么有必要弄清为什么这段特殊的关系——通常被称为力比多关系——在我们每个人的生活当中如此重要。

弗洛伊德认为，力比多关系是因个体对食物和性的需求而起的。接下来，为了解释某些有关愤怒的更为令人疑惑的地方，他跨出生物学领域，提出了死亡本能。依据心理能量的聚集与释放所形成的这些假设导致了超心理学——它如此远离临床观察与实验，以至于大批分析师或隐蔽地或公开地抛弃了这种学说——的产生。这在精神分析领域引起了两种反应。一种反应是，一些分析师不仅希望精神分析能从生物学中脱离出来，而且还希望用解释学的方法来代替科学的方法。另外一种相反的反应是，探索在现代生物学中有用的、与弗洛伊德时代完全不同的规则，检验这些规则是否与我们的临床实践更为协调，并建构一门新的超心理学，或一个全新的概念框架。这就是我和一些人所从事的工作。

这些特殊的关系——威胁到这些关系就可能引发个体的愤怒——有三种类型：与性伴侣、父母、后代的关系。每种关系在强烈的情绪下都会遭到冲击。事实上，个人的全部情感生活在很大程度上取决于这些长期、忠诚关系的状态。当它们能够良好地运作时，个体就会感到满意；当它们受到威胁时，个体就会感到焦虑或愤怒；当个体因自己的某些行为而置这些关系于危险境地时，个体就会感到内疚；当关系破裂时，个体就会感到悲伤；当关系得到修复时，个体就会感到非常喜悦。

当代生物学的两个分支——动物行为学和进化论——能够帮助我们了解为什么这些关系的状态会对个人的情感生活有如此深刻的影响。问题在于这些关系不仅存在于其他物种中，而且还与繁殖的重要生物功能，尤其是后代的生存等密切相关。因此人类建立这种深刻而长期的关系的倾向是由强大的基因决定的。在以上提及的概念框架之下，我们就能够理解，孩子对父母或其他照顾他的人产生依恋是为了降低遭受伤害的风险。

接近那些能够保护自己的人是所有可能的安全策略中的最佳选择。父母对孩子的照料显然有助于孩子存活下来。成功维持这些关系通常会带给我们满足感，失败则会带来挫败感，让我们感动焦虑、绝望，这是进化对我们行为的奖励和惩罚。

正是在这种进化视角之下，我们能够理解家庭成员间的愤怒行为的功能。正如我先前所说，在正确的地点、正确的时间，愤怒是有助于维持这些至关重要的长期关系的。但是，显而易见的是，愤怒经常会超出限度。我的论点很简单，即家庭中的非适应性暴力可以理解为具有潜在功能性的行为——如依恋行为和养育行为——的扭曲和夸大版本。

目前有大量关于孩子与母亲联结的本质——传统意义上被称为依赖，现在被称为依恋——的文献。一般情况下，依恋行为会导致个体接近另一个个体，或与之交流。这种行为是由痛苦、疲劳或令人恐惧的事件引起的，似乎养育者的不可接近性也可以导致这样的行为。现在已有大量证据表明，依恋行为的特定模式的发展受到了养育者——多数情况下是父母——对孩子的依恋行为如何反应的影响。简而言之，父母细心、有爱的照料能够让孩子相信当自己需要帮助的时候就能够获得帮助，同时让孩子在探索世界时变得越来越自力更生、大胆、富有合作精神，并且能够帮助身处痛苦中的他人。相反，当父母对孩子的依恋行为回应不及时，或将其看作一种不听话的行为，孩子有可能形成焦虑的依恋模式，即是说，孩子害怕当自己需要照顾时父母会消失或不给予帮助，因此孩子舍不得离开养育者，不得不表现得十分顺从，并且不关心他人的困难。此外，如果养育者拒绝孩子，孩子可能发展出矛盾型的依恋模式，既渴望父母的关爱又不愿亲近父母。在这种情况下，愤怒成为显著的特征。之后，我还会对此谈更多。

此外，关于依恋行为，我想强调的是：它是贯穿人类一生的本质特征。不可否认的是，和婴儿相比，青少年和成年人没有那么强烈的依恋需求。当然，当个体感到焦虑或痛苦时，对被爱和被照顾的迫切需求也是十分符合天性的。非常不幸的是，由于受到错误理论的误导，现在分析师经常使用“幼稚的”“退行的”等略带贬义的关于依恋行为的形容词。我从来不用这些词。

有关依恋行为的系统研究——尤其是影响其发展的条件的研究——在过去数十年里取得了一定进展，而有关照料、养育的研究才刚刚开始。我认为最有前景的研究方法还是行为学的方法。这种方法假设，人类以及其他物种的养育行为（如依恋行为）在某种程度上是预设的，因此当与之相应的条件被激活时，它就会沿着某种轨道发展。这意味着，在正常情况下，养育者有一种本能，促使他以某种特定类型的方式行事，例如抚育婴儿，当婴儿哭泣时安慰他、为他保暖、保护他、喂养他。当然，这一观点并不意味着恰当的行为模式在一开始就能够在所有细节中展现出来。显然，现实情况并非如此，人类和其他哺乳类动物都无法做到这点。所有的细节都是学习而来的，一些是在与孩子的互动中习得的，其他许多则是通过观察其他父母的表现——自己的童年生活以及父母对待自己和同胞的方式——习得的。

研究结果

就目前我对家庭暴力的了解，我想以一位对孩子施暴的母亲的分析开始，然后介绍这种暴力对孩子的影响。我这样做的原因是，这两个领域的相关研究成果似乎非常充分。根据这些结果的启示，我们可以进一步思考殴打妻子或孩子的男性。这个问题同样重要，但目前的研究却并不充分。

有关母亲殴打孩子，许多研究的结论是一致的（Syinetta & Rigler，1972）。尽管在社会经济地位较低的家庭中，虐待孩子的情况可能更为普遍，但该情况也存在于中产阶级家庭之中。

从表面上看，施虐个体冷酷、刻板、强迫、挑剔、消极、不快乐、混乱。但是从情感上看，他们却有很高的一致性。我们（尤其在经常虐待孩子的母亲身上）发现了如下特征：他们会不时地感到极度焦虑，这种焦虑会因愤怒的爆发而得到缓解。他们被认为是十分冲动和“不成熟”的。尽管他们的“依赖需求”极为强烈，但是他们也极度不信任，最终不能或不愿意和他人建立亲密关系。在社交方面，他们很孤独。正因为求助不了任何人，他们中的大多数人从自己的孩子那里寻求照料和安慰，他们对待孩子的方式就像孩子比自己还要年长很多一样（Morris & Gould，1963）。

提到童年经历，许多研究者注意到，这类女性中的大多数人都有着悲惨的童年，正如一对研究者所指出的那样，“被剥夺了基本的养育”（Steele & Pollock，1968）。相当多的未成年人在还是孩子时被殴打过。①

根据依恋理论，我们可以得知，这些母亲发展出了相当程度的焦虑型依恋，长期或反复与自己的父母分离、经常面临被抛弃的威胁是他们的童年的典型特征。德罗齐耶（Delozier，1982）通过一个规模相对较小的研究检验了这一假设。她选取

---

① 鲍德温（Baldwin，1977）曾针对38位遭受过极为严重的身体虐待的儿童做过一项研究，在他们的父母中，有五分之二的人在小时候遭受过身体虐待，超过一半的父母遭受了严重的或持久的精神虐待。鲍德温提醒大家关注许多父母呈现出的显著特征。在访谈过程中，他们对自己的童年做了总结，在这一总结中他们呈现出一幅理想化的画面，这与询问详细细节问题时所呈现的冷酷画面是完全相反的。在这种情况下，没有经验的临床治疗师和访谈者会受到很大的误导。

了18位来自工薪阶层、对孩子施暴的母亲作为实验组，同时选取了18位社会经济地位相当、没有对孩子施暴的母亲作为对照组，并在年龄（多为三十多岁）、拥有孩子的数量上进行了配对。所有参与者完成了半结构化访谈和问卷调查，并接受了汉斯伯格分离焦虑测试（Hansburg，1972）。在汉斯伯格分离焦虑测试中，研究者会向参与者呈现一系列图片，图片上描述的场景是一个孩子离开他的父母，或者父母离开他们的孩子，参与者需要描述自己在这种情形下的感受和行为。

正如预测的那样，汉斯伯格分离焦虑测试的结果显示，大多数施暴的母亲对任何类型的分离场景都十分敏感，表现出高度的焦虑和愤怒。另外，她们的反应表明，当她们渴望得到照料时，她们都提前假设自己会被拒绝。她们还显示出对父母幸福的担忧，这一结果也支持了另一个最初的假设。控制组和实验组在各方面测评中的差异显著，例如18位施虐母亲中有12位属于高焦虑型依恋，而控制组中只有2位属于高焦虑型依恋。

关于这些母亲的童年经历的研究，正如她们在访谈和问卷中所呈现的那样，支持了一部分最初的假设，而另一部分假设并没有得到支持。例如，根据以往的文献，德罗奇耶做出的假设是，那些施暴的母亲在童年期与父母经常分离，但这一研究结果并未得到证实。此外，她还假设，这些母亲在童年经常遭受被父母抛弃的威胁，这一假设得到了验证。被父母抛弃的威胁如真正的分离一样，同样是致病源（Bowlby，1973）。类似地，尽管从表面上看遭受父母真正的暴力并不常见，但是许多施暴母亲却遭受了被自己父母殴打、杀死的威胁。

施暴母亲的另一显著特征是她们中仅有少数几个人（7个）相信当感觉痛苦时可以向自己母亲寻求帮助。一些不能向自己母亲寻求帮助的女性说，自己可以向一位亲戚或邻居寻求帮助。但是有4位女性身边没有任何可以求助的对象。相比之下，在对照组中，除了3人外，所有人都觉得如有需要，自己可以寻求母亲或其他人的帮助。

因此，不同于那些在一个讲理的、幸福的家庭中长大的女性，这些女性中的大多数人从来都不能在危机情况下依赖母亲。事实上，正如预测的那样，对她们中的许多人而言，母女关系是颠倒过来的，她们才是父母希望依赖的对象。①

如果我们了解了这些女性的童年，就不难理解她们为什么会成长为这样。被父母抛弃的威胁让她们对任何分离都感到十分焦虑，不论这种分离对别人而言是多么平常。同时，她们对父母如此威胁自己感到十分愤怒。此外，处于困境中却没有获

① 米歇尔重复了德洛泽尔的研究，其被试是墨西哥裔的美国母亲，两项研究的结果十分相似。

得父母的回应，再加上被父母反复拒绝，会令她们对其他人产生深深的怀疑。因此，尽管她们渴望得到她们从未得到的爱和照顾，但是仍然没有信心可以得到。她们对任何接收到的帮助表示怀疑。因此不难想象，如果这类女性成了母亲，有时她们会期望孩子像母亲一样关怀自己，希望做孩子的“孩子”，而不是做孩子的母亲。此外，当她们的孩子没能遵从她，开始哭泣，要求照顾和关注时，她会变得非常不耐烦并感到愤怒。

我认为，有了以上认识之后，我们才可以更好地理解母亲对孩子的暴力行为。尽管我从没有治疗过真正对孩子施暴的女性，但我曾经治疗过一个几近这样做的女性。

我开始注意这位女性——我称她为Q小姐——是因为她常去的儿童诊所的医生非常关心她18个月大的儿子，她的儿子拒绝吃饭并逐渐消瘦下来。当我第一次见到母子俩时，我就感受到Q小姐非常焦虑、压抑，并且据她所说，自从儿子出生之后她就这样。在访谈过程中我发现，她非常害怕，唯恐儿子会死掉，因此一再要求儿子多吃饭。她还告诉我有时候她有要把孩子扔出窗子的冲动。直到多次咨询后，她才告诉我，有时她会歇斯底里，摔盘子，并击打婴儿车。她与我对话时非常焦虑，并且十分希望我能够激起她的愤怒。在我的建议下，她每周一次找我做心理治疗。

我现在知道，她告诉我的童年生活事件是多么典型。她非常不情愿但连贯地讲述了童年生活的一些琐事。她回忆起父母间令人痛苦的争吵，他们相互攻击对方，并威胁着要杀掉对方，母亲还威胁要离开家庭。其中有两次，Q小姐放学回家后发现母亲头靠着煤气炉，而其他时间，母亲会消失半天，假装逃走。Q小姐在恐惧中长大，她担心如果自己做错什么，母亲就会离开。此外，当母亲认为Q小姐对家人以外的人讲述了这些可怕的事情时，情况就会变得更为糟糕。

Q小姐在婚前是一名技师，是一位乐于助人的邻居，她尽其所能地成为一个好妻子和好母亲，并且在大多数情况下她做到了。然而她在一些时候会突然爆发，怒不可遏，这令她感到害怕、困惑、羞愧。

多次治疗后，我确信，她突然爆发的愤怒是对母亲反复威胁要抛弃家庭的反应。在她早年的生活中，她避免将这种愤怒直接指向母亲，而是朝向危险性较小的目标。在直接表达愤怒之后，她会将愤怒转向[①]其他不会报复自己的人或事物。Q小姐回忆说，当她还是孩子的时候，有时她会跑回自己的房间打玩

---

① 为了进行区分，我发现动物行为学中的“转向”这一术语比临床实践中的相对应的词“置换”更适合。在其他物种中，将敌意行为从一个更占优势地位的对手身上转移开是非常常见的。

具娃娃。现在变为摔盘子、敲婴儿车，但几乎不打孩子。我猜测，当前每次愤怒的爆发都是由每天来看她、一如既往地控制和干涉她的母亲所触发的。

这一解释符合我们已有的事实，但在精神分析圈内并不被广泛接受。毫不奇怪的是，这一领域中的其他同事也会如此解释（Feinstein，Paul & Pettsion，1964）。在另一个案例中，一位丈夫虐待了他的妻子，愤怒让妻子反过来虐待他们的孩子。

随后我们会谈到暴力对孩子的人格发展的影响。我们必须牢记，这些孩子受到的不只是身体暴力。事实上，在许多案例中，孩子还会遭受语言暴力。心理创伤被视为长期遭到拒绝和忽视的结果。每个孩子的具体经历各不相同。例如，一些孩子在大多数情况下会受到较好的照顾，只在少数情况下不得不面对父母的暴力。因此，孩子的社会性和情感发展各不相同也就不足为奇了。现在我要讨论一些似乎相对典型的结论。

人们对那些遭受过暴力的孩子的描述也各不相同，其中包括：抑郁的、被动的、羞怯的、“依赖的”和焦虑的，以及愤怒的和具有攻击性的（Martin & Rodeheffer，1980）。这使养育者十分困扰（Gaensbauer & Sands，1979）。这些孩子无法参与到游戏中，很少或没有感受到快乐，他们的情感表达十分低调以至于容易被忽视，经常让人感到模棱两可。他们会长时间地哭泣，不理睬大人的安慰，容易被激怒，很难处理自己的愤怒。这种模式一旦形成就难以改变。

研究者在文献中经常讨论的主题是婴儿早产、健康状况不佳以及气质不佳在多大程度上造成了母亲的问题，使得自己受到不良对待。在某些情况下，这些因素的确会发挥作用，但只有当母亲对婴儿做出不适宜的反应并由此建立起恶性循环时才会如此。[①]当然，当母亲有着痛苦的童年，成长过程中受到情绪困扰，生完孩子后很少或没有得到情感上的支持和帮助时，就很有可能产生这种结果。

那些受到虐待的孩子经常在虐待他们的父母面前表现得小心翼翼，对可能发生的事情过度警觉。有一些孩子会对父母的需求特别敏感（Malone，1966）。事实上，我们有充分的理由相信一些孩子早就学会了通过不断地关注母亲的愿望来平息身处困扰之中和有潜在暴力的母亲[②]。

在托儿所，受虐的孩子很难与照料者或其他孩子建立关

---

① 目前有充分的证据显示，将“难应付”的儿童交给敏感的母亲抚养，除去极少数的例外，这些儿童仍会得到很好的发展（Sameroff & Chandler，1975）。反之，如果把易养育的孩子交给不敏感的母亲抚养，这些孩子可能会得不到好的发展（Sroufe，1983）。

② 我从帕特·克里腾登的研究中受到了启发，他曾在那些受到虐待的幼童（有的不到两岁）身上观察到了此类行为。庞德（Pound，1982）也在那些患有严重抑郁症的母亲的孩子身上观察到了此类行为。

系，有很强的攻击性。近年来，这些观察得到了系统研究的证实。这些研究将关注点放在特定的行为模式以及引发行为的情境上。下面的发现源于梅因和乔治在伯克利主持的一项研究（Main & George，1979，1985）。

他们的目的是比较日托班的两组1—3岁儿童的行为，一组是实验组，一组是控制组，每组各10个孩子。实验组的孩子遭受了父母的身体虐待。控制组的孩子与实验组的孩子在相关变量方面进行了匹配，但他们没有受到父母的身体虐待。为了获得相关数据，研究者在3周内选择4天、分4个时间段对孩子进行观察，每次观察30分钟。观察者会记录下所有的社会相关行为，包括转头或后退等小动作。

为了进行数据分析，这些孩子的社会性行为被分为四类：趋近行为、回避行为、趋避行为以及攻击行为。此外，研究者依据行为的对象——另一个儿童或养育者——对这些行为进行了分类。研究者还对这些孩子的自发行为与对他人的回应性行为进行了区分。这项研究采用两种统计指标，一种是每组中表现出某种行为的孩子的比例，另一种是每个孩子表现出某种行为的频次。

无论是朝向其他小孩还是朝向照料者，每组孩子发起社会性行为的情境并没有显著差异。相反，孩子对他人的回应性行为呈现出显著差异。受虐儿童的行为特征是，要么直接表现出回避行为，要么采取趋向行为，要么两者兼有。例如，“她爬向他，但忽然之间又逃开了”“她爬向照料者，但将头转到另一边”。当交流由照料者率先发起时，采取回避行为的被虐待幼童的人数是控制组的3倍。控制组只有1位儿童表现出趋避行为，实验组中则有7位儿童表现出趋避行为。当交流由其他儿童率先发起时，两组之间的差异更为明显。例如，控制组中没有儿童采取趋避行为，而实验组所有儿童采取了趋避行为。

正如研究者所预测的那样，虽然两组儿童的攻击行为都十分普遍，但是实验组的儿童显著较多。实验组的儿童攻击其他儿童的行为不仅是控制组的两倍，而且有5位儿童攻击或威胁攻击成人，控制组中则没有这种现象。另外值得注意的是一种令人讨厌的攻击行为——“骚扰”（Manning，Heron，Marshall，1978）。似乎这些恶意行为的唯一目的是想让受害者感到痛苦，且攻击行为常常忽然发生且没有任何明显的诱因。这和敌对行为不同，敌对行为是面对挑衅时做出的反应。这种突如其来的攻击行为令人感到可怕，并且会招致报复。随后提及的临床研究指出，这类儿童会直接攻击他们所依恋的成人。

鉴于以上所述，受到虐待的孩子很难对身处困境中的同龄人共情就不足为奇了。臧-韦克斯勒和瑞迪科-亚罗的研究表明，当其他小孩感到痛苦时，那些父母非常温柔和体贴的孩子一般会给予他们关注和安慰（Zahn-Waxler，Zahn-Waxler & King，1979）。在梅因和乔治的实验中，控制组中有5位儿童至少一次出现了这种共情行为，但是实验组的儿童在任何情境下都没有表现出此类行为。相反，与控制组不同的是，实验组的反应混杂着恐惧、痛苦和愤怒，并且有3位儿童对正在哭泣的孩子表现出敌意，例如：1位两岁八个月大的小男孩轻轻拍打着正在哭泣的小女孩，并大声喊道："闭嘴，闭嘴。"接着，他轻轻拍打小女孩的后背，然后露出牙齿对其发出嘘声。在其他人干预之前，这种"轻轻拍打"变成了敲打。

我认为观察小孩子的这些行为的原因是显而易见的。这些观察准确地说明了某些社会行为的典型模式——有些行为模式对未来是有帮助的，有些则是有害的——在早期生活中是如何建立起来的，同时说明了童年经历对个体发展的影响。我们反复从幼童的言语和行为中看到他们被对待的方式。事实上，以我们自身所受到的对待方式去对待别人的倾向植根于人性的深处，并且这一点在生命早期最为明显。请所有的父母注意！

要得到这些孩子将如何发展的有利证据，我们需要精心设计一些纵向实验。有证据表明，如果孩子被对待的方式得到改善，那么他们仍能够回到正常的发展轨迹（Lynch & Roberts，

1982）。有些儿童由于长期处在不良的养育环境下，罹患了严重的脑损伤或心理疾病（Martin & Rodeheffer，1980）。一旦孩子发展出不良行为模式，那么无论对于养育者还是专业人士来说，都难以提供他所需要的持续性的深情关怀，同时通过心理治疗来治疗这类儿童也是十分困难的。大一点的孩子发出的极具破坏性的攻击行为让人尤为难以承受。

我们知道，一些有此类情感障碍的孩子到精神科门诊时，门诊医生通常很难确诊。在这些门诊医生中，一部分人会探寻问题的根源，例如斯特罗（Stroh，1974）、布洛赫（Bloch，1978）以及霍普金斯（Hopkins，1984）。在研究报告中，我们发现孩子的情绪都是十分矛盾的：他们这一刻还在拥抱治疗师，下一刻却对治疗师拳脚相向。到了青少年时期以及成年早期，一些孩子——大部分是男性——被诊断为攻击性精神病患者或者有暴力倾向的行为不良者（Farrington，1978）。其他孩子——尤其是女性——可能被诊断为多重人格（Bliss，1980）。一旦精神科医生意识到虐待和拒绝对个体产生的深远影响，以及父母对相关信息的歪曲、临床医生对相关信息的忽略，那么他们便可以解释更多个案。

很多遭到拒绝和虐待的儿童在成长过程中仍保留了家庭中的暴力，他们继续以童年时期发展出来的应对暴力的模式去应对社会环境。

许多施虐父母和受虐儿童呈现出一种典型的反应模式。弗罗迪和兰姆（Frodi & Lamb，1980）曾报告了这种模式。在研究中，当研究者播放哭泣婴儿的录影带时，施虐的母亲与未施虐的母亲相比，前者对哭泣的婴儿表现出更少的同情心，更多的不耐烦和愤怒。即使是播放微笑婴儿的录影带，施虐的母亲也会表现出相同的反应，这说明她们不喜欢任何一种与婴儿互动的形式。

接下来，让我们来看一下虐待女友或妻子的男人的行为。

在塔维斯托克诊所，我的两位社工同事马汀森和辛克莱（Mattinson & Sinclair，1979）对一位男性——S先生的行为进行了报告。他经常毫无理由地突然攻击妻子。在他接受第一次访谈前，他的妻子离开了他。他们刚刚有了第一个孩子。尽管最初他很犹豫，但很快S先生就告诉社工，他十分害怕自己的暴力。他说，他爱自己的妻子，他感到自己对妻子的暴力行为十分荒唐，近乎疯狂。随后他谈到，他在一个严酷的、缺乏同情心的工薪家庭中长大，父母经常争吵、打架。在随后的访谈中，分析师谈到作为孩子的他在争取从未获得的爱时可能感到愤怒和绝望。对此，他若有所思。他说，这能够解释自己为何会产生暴力行为，减轻了自己的恐惧。值得注意的是，孩子出生后，他那导致妻子离开的情绪失控很快又出现了。

从其他一些研究（Marsden & Owens，1975）中我们了解到，极度嫉妒妻子对孩子的关注，是导致丈夫产生暴力行为的常见原因，孩子的诞生很可能是导致S先生情绪失控的诱因。

突发的、毫无缘由的的暴力行为是与S先生相似的殴打妻子的男性的共同特征。在马斯登和欧文斯（Marsden & Owens，1975）研究的19个案例中，有5个案例中的男性具备这种特征。这类男性在儿童期遭到虐待的假设得到一些研究的支持。一项研究（Gayford，1975）发现，在100位对妻子施暴的男性中有51位曾在孩提时期有被殴打的经历，并且100人中有33人存在其他暴力行为。正如刚才所提到的那样，有研究（Farrington，1978）发现许多暴力罪犯来自严酷、残忍地对待孩子的家庭。

最后，我们发现许多被施暴的妻子都来自混乱的、经常拒绝孩子的家庭，其中一些人在还是孩子时就经常被殴打（Gayford，1975）。这些经历促使她们在青少年时期就离开家庭，与遇到的第一个男人——背景相似——建立关系，并很快怀孕。对于那些毫无准备、发展出焦虑型依恋的女孩而言，照顾一个婴儿会带来许多问题。另外，她们对孩子的关注激起了伴侣的强烈嫉妒。这就是暴力会在代际间传递的原因之一。

现在我们来看一下马汀森和辛克莱（Mattinson & Sinclair，

1979）的研究。他们发现了在某些家庭中普遍存在的亲子互动模式。

对S先生的访谈只是研究的一部分，该研究的目的是找出那些给医疗和社会服务机构制造了无数麻烦的问题家庭到底发生了什么。在这些家庭中，暴力行为和暴力威胁几乎每天都在上演。夫妻俩常常在聚到一起的几天或几周内又再次分开。有时，如果妻子说了难听的话，丈夫就会自己离开，但在很短的时间内又会回到妻子身边。如果丈夫打了妻子，妻子会带着孩子离开，但在几天之内，妻子也会回来。研究者感到好奇的是这类婚姻关系持续的时间长短。他们会问自己这样一个问题：是什么让这些伴侣对彼此“不离不弃”。

研究者发现，尽管丈夫的暴力和妻子的威胁言论主导了整个局面，但是伴侣中的双方都深深地依恋着彼此，并且发展出一套控制对方、防止对方离开的策略。他们使用了很多方法，许多是强制性的，并且在外界看来不仅是极端的，而且是适得其反的。例如，经常威胁要离开或自杀，但自杀的行为并不常见。尽管这些方法在引起对方关注的同时可能会引发对方的内疚和愤怒，但是在短时间内这些方法往往是有效的。研究表明，大部分的尝试自杀行为是对特定事件的反应，尤其是被抛弃或被威胁抛弃。

另一种强制性的方法——使用者通常是男性——是“监禁”妻子，比如把妻子锁在房间、把妻子的衣服锁起来、保管所有的钱财、自己去购物等，以防妻子见到任何人。有一位男性的依恋模式是非常矛盾的，他不仅把妻子锁在房子里，还把妻子锁在房子外面。他可能会把妻子扔出房子并告诉她不要再回来了，但当妻子走到街上时，又会跑出去，把妻子拽回公寓。

第三种强制性的方法是殴打。一位男性说，他在家庭中通常使用拳头来解决某件事情。没有哪位妻子喜欢这种待遇，但是有一些却从中获得了扭曲的满足感。例如，一位女性用胜利者的语气解释说，她不希望和丈夫分开的原因是，她丈夫威胁说如果她敢离开，他就会把她逮回来。她坚称丈夫也需要她。我们发现，在大部分此类婚姻中，每一方都倾向于强调对方如何需要自己，而不愿承认自己多么需要对方。当然，当我谈到“需要”，他们可能会觉得我在呼吁他们表达自己渴望得到照料的需求。他们恐惧的大多是孤独。

防御措施

我即将结束我关于家庭暴力的问题以及我认为对解决这些问题有用的理论观点的阐述。那么接下来我们该如何行动呢？

目前已有许多专业人士开始帮助那些存在暴力的家庭，并给出了许多意见（Helfer & Kempe，1976；Lynch & Roberts，1982）。尽管这是一项十分艰难而费时的工作，但我们仍然对专业干预心存希望。接下来我将介绍一种服务模式，它首先在英国被试行，并且在政府的支持下得到了稳步的推广。毫无疑问，在美国的许多地区也可以发现类似的服务模式。

一项被称作“家庭起航”的服务模式十分有发展前景（Harrison，1981）[①]。这是一个为面临困难的家庭提供支持、友谊和实际帮助的家庭拜访项目。项目的志愿者们与相关的法定服务机构联系紧密，并且可以获得专业人士的支持和指导。每个家庭都可以根据具体情况邀请志愿者上门服务，并且不需要签订合同，也没有时间限制。

每位志愿者都是一位母亲，她们的任务是周期性地拜访一个或两个家庭，目的是在一段时间内与他们建立关系，相互理解。这样做是为了鼓舞父母，让他们明白照料孩子时遇到困难是很常见的，家庭生活可以是很愉悦的。志愿者年龄一般在30到45岁之间，需要参加一些培训课程，每周1天，共计10周，并在随后接受有规律的继续教育。

---

① 另一个自发的、服务于伦敦市内被称为纽平的严重缺少食物的地区的服务模式也十分有前景（Pound & Mills，1985）。

志愿者的好处有很多。第一，志愿者时间充裕。事实上，在项目试运行阶段，研究者发现每位志愿者每周平均会花6个小时同需要帮助的家庭的成员待在一起。第二，她们对需要帮助的家庭中的母亲以友相待，可以无拘无束地帮助对方做一些家务。第三，她们可以和需要帮助的家庭中的母亲分享自己育儿的经验。第四，她们不介意在晚上或者周末被打扰。

当然，志愿者所拜访的家庭，要么已经出现问题，要么即将出现问题。由于这项服务不是专门针对施虐家庭的，因此受助的家庭任何时候都不必感到自己"被贴了标签"。尽管如此，该服务的确帮助了很多有可能被虐待的孩子。在项目试运行的前八年里，超过四分之一的受访家庭的孩子被认为有受虐的可能。

志愿者的拜访经常始于受助母亲还在怀孕期间时。大部分受助母亲都比较年轻、冲动、极为孤立，没有得到过很好的照料、安全感低。志愿者的首要任务是如母亲般地呵护这些母亲，以便给她们提供为人之母的榜样。志愿者也会和受助母亲的孩子说话、玩耍，以便给受助母亲提供她们从未体验过的经历。接下来，志愿者还会帮助受助母亲掌握一些她不会的基本家务技能。志愿者和受助母亲的关系的核心在于：志愿者自己也是一位母亲，她了解所有的困难。

有许多情况被认为和此类服务不匹配。[①]然而，正如一位研究者（Eyken，1982）对项目试运行的前四年的工作所做的评估那样，有很多家庭从这项服务中获益。爱肯从288个受访家庭中随机抽取了五分之一的家庭，邀请受访者评估志愿者拜访完成后的结果，评估采取三点评分，分为没有改变、有些改变、明显改变。结果显示，只有一半的家庭有显著改变，十分之一的家庭没有改变。在对所提及案例的社工们的评价较为积极的家庭中，有一半以上的家庭有显著改变，其余的至少有一些改变。这些家庭对健康顾问（公共健康护士）工作的评估是最为积极的。在58个自评家庭中，有47个家庭（85%）认为发生了显著变化，6个家庭认为有一些变化，只有2个家庭认为没有变化。

这一发现给这个进展缓慢的研究领域带来了希望。

---

① 哈里森（Harrison，1981）列出了以下内容：父母一方有慢性心理疾病的、罹患严重退化性疾病的；父母一方是惯犯；父母一方专心于需要照顾的孩子。同时还要排除那些孩子有被母亲的同居者虐待的家庭。

第六章

知道了你本不该知道的以及感受到你本不该感受到的

1979年初，加拿大精神病学杂志社准备出一期纪念名誉教授埃里克·威特科尔——他曾于1952年至1964年在蒙特利尔的麦吉尔大学担任精神病学专业的主任——80岁诞辰的特刊，于是邀请我撰写一篇文章。我很荣幸能够担此重任。以本章标题为名的演讲稿也构成了随后几年我在不同场合演讲的基本内容。在罗马的一次演讲中，我认识了两位认知治疗师——乔瓦尼·廖蒂和维托里奥·圭达诺，并惊喜地发现我们有很多相似之处。他们邀请我撰写米歇尔·马奥尼和亚瑟·弗里德曼编写的《认知和心理治疗》的其中一卷。这为我扩展原始的简短论文提供了一次机会。下文便是扩展文稿。

正如在以往演讲中所描述的那样，现有的大量证据表明，个体在童年期与父母相处的不良经历在很大程度上导致了成年后的认知障碍。例如，有证据表明，至少有一些认知和归因障碍、失忆症以及多重人格障碍是由这类经历造成的。然而，对这种因果关系的系统研究仍然不足，迫切需要进行大量的研究。为什么这一点会被不幸地忽视呢？

造成这种情况的一个原因是——在随后的演讲中会提及——精神分析学派内有一种传统，即关注病人的幻想，而忽视病人童年时真正经历了什么。另一个原因是要在该领域进行系统的研究是十分困难的。例如，那些只接诊成年病人的医生会将关注点错误地放在病人所说的多年前发生的事情上。那些在相对稳定的家庭中度过童年的人以及对关于家庭和儿童发展的最新研究毫无所知的临床医生，没有可与自己病人的故事相匹配的标准。特别是，临床医生经常会面对病人的沉默，他们接受的训练和经验不足以让他们了解事情的原委。毫无疑问，许多精神病学家以及心理治疗师都没有意识到许多精神疾病源于童年期的某些不良事件。有些孩子反复地或长时间遭受到父母的虐待，但这一点在讨论精神病学成因时被忽略了。

这种现象正在发生变化。首先，随着系统研究的增多，我们对母婴互动——包括一些病态性的互动——的了解在数量上和质量上也在不断增加和提高。其次，这种关系和事件对孩子造成的心理影响也得到了更好的理解。因此，现在临床医生可以在许多情况下、依据相当坚实的研究基础得出病原学的结论，特别是当病人表现出与某些问题和症状，而这些问题和症状在其他拥有相似经历的个体身上也出现过时。精神病学家诊断病情的方法与内科医生诊断二尖瓣狭窄症的方法是相同的，他会毫不犹豫地将病因归为患者多年前所患的风湿热。

要追溯认知障碍的起因，失忆症是一个较好的出发点。

弗洛伊德（1914）在一篇有关分析技巧的经典论文中做了一个重要的总结。我认为所有的心理分析师都会认可：

> 意识会隔绝某些印象、场景或经历，让个体产生所谓的“遗忘”。当病人谈论到这些“遗忘”的事情时，他们总是会说：“事实上，我一直知道这些事情，只是我从来不去思考它们。”

我们可以从三个方面来理解这些现象。首先，这些被隔绝的印象、场景和经历有什么共同特征？第二，我们如何理解这一遗忘的过程？第三，激活隔绝程序的条件是什么？

那些被隔绝的场景和经历——尽管仍然在不断地影响思维、情感和行为——可分为三个不同的类别：（1）父母不希望孩子知道的场景和经历；（2）父母以孩子无法承受的方式告知了孩子关于这些场景和经历的真相；（3）在这些场景和经历中孩子做过一些或想过一些他们使感到内疚或羞愧的事情。

由于长期以来分析师对第三种类别给予了大量关注，因此在这里我只讨论前两种。我们先从第一种类别开始。

孩子常常会注意到父母不希望他们注意到的场景，形成父母不希望他们形成的印象，经历过父母更愿意相信他们没有经历过的事情。有证据表明，许多这样的孩子知道父母对此会做何感受，因此会将这些场景、印象、经历排除在意识之外，从而遵从父母的意愿。这样做了之后，他们便不再意识到他们曾注意到了某种场景，形成了某种印象，或有过某种经历。我认为，这是一个被普遍忽视的认知障碍的起因。

有时孩子会在父母的压力下，自觉处理他们已注意到但父母希望他们从未注意到的事件的信息。我们可以从几个方面发现这些证据。也许最生动的例子就是那些一方幸存的父母努力消除孩子对（另一方）父母自杀的信息的加工。

凯因和法斯特（Cain & Fast，1972）报告了他们对14位年龄在4到14岁之间、患有严重心理疾病、父母一方因自杀而过世的儿童的系列研究。研究者在评估他们的数据时很震惊，因为他们发现了两种致病环境，一种是会产生强烈内疚感的环境（在这里不做探讨），一种是使得父母与孩子间的交流严重扭曲的环境。

在这项研究中，大约有四分之一的孩子目睹了父母一方的死亡，但随后他们被在世的父亲或母亲告知自己的所见所闻是错误的，母亲或父亲的死亡不是自杀引起的而是疾病或意外事故引起的。"一个亲眼看到父亲吞枪自杀的男孩……他的母亲在当晚告诉他父亲死于心脏病；一个在储藏间发现上吊自杀的父亲的尸体的女孩，却被告知父亲死于车祸；两个发现母亲腕部有割痕的兄弟，被告知母亲是在游泳时溺水身亡的"（Cain & Fast，1972）。当孩子们描述他们所看到的一切时，在世的父亲或母亲就会极力否认它——不论是嘲笑他们，还是反复强调他们只是因电视上看到的场景或做过的噩梦而感到混乱。由于孩子有时会从不同的人甚至从在世的父亲或母亲那里听到关于父母一方死亡的不同故事，因此他们常常会感到十分混乱。

许多孩子的心理问题似乎可以直接追溯到他们曾暴露于这类场景中。他们的问题包括：无法长期信任他人、抑制自己的好奇、不信任自身的感受以及认为所有事情都不真实。

罗森（Rosen，1955）描述了一名27岁的成年男性病人，这名男性的未婚妻因为他过于喜怒无常和不可预测而抛弃了他，由此引发了他的急性症状。病人感到自己的世界开始破碎，所有的事情都不再真实。他变得抑郁并产生了自杀倾向，体验到一系列奇怪的身体感觉，例如窒息感。他说，他的思维就像棉絮。在接受治疗的第二年，有时治疗师会对他所说的一系列联想以及牢记在心的生活事件感到震惊。治疗师做出了一个大胆的猜测——患者在童年时目睹了母亲的一次自杀行为。在治疗师说出了自己的这一猜测后不久，患者开始哭泣。这次治疗是一个转折点。随后，患者描述到，当分析师说出自己的猜测后，他感到，那一刻与其说自己恢复了记忆，不如说是自己被允许道出一直都知道的事情。

病人恢复的记忆的真实性得到了病人父亲的证实：在病人小时候，他的母亲几次试图自杀。病人3岁时曾目睹了母亲的一次自杀行为。病人的保姆听到浴室里传来的声音后，及时阻止了病人母亲想勒死自己的行为。尽管不清楚病人当时看到了多少，但是事后无论病人什么时候提及这件事，病人的父亲和保姆都会告诉他，这一定是他想象出来的或仅仅是他的一个噩梦。现在，这位父亲承认，关于这件事的记忆会给儿子造成伤害。他也承认，因为不希望朋友和邻居知道这件事，所以决定对儿子避而不谈。大概一年以后，这位保姆被辞退了，因为病人的母亲发现她的存在会让自己回想起关于那件事的痛苦记忆。

在这次关键的治疗前的某次治疗中，病人回忆起他深爱的保姆被辞退的事情，他一直以为是自己做错了什么才导致她离开的。在联想中，病人会反复提及他在童年时期曾目睹了某些改变了他的生活的事情，尽管他不知道是什么。他还有一个想法，那就是他的保姆代表他成为见证者之一。因此，尽管这些回忆在意识中被隔离起来，但仍然持续地影响着他的想法和感受。

我在其他文章（Bowlby，1973）中曾指出，父母的自杀行为或者自杀威胁并不少见。我也注意到，精神病学和心理治疗研究并没有给予自杀行为和自杀威胁足够的关注。情况和罗森报告的案例相似的案例并不少见，只是没有受到重视。

性生活也是一种父母不希望孩子看到的场景。如果孩子不小心看到了，他们会强迫他忘掉。一位分析师曾告诉我一个案例，案例中的小女孩受到了严重困扰，她几乎不能说话。然而，在一些戏剧性的场景中，她可以说得很好。她会把泰迪熊放在一边的椅子上，然后仔细检查一遍，用食指指着它，十分严厉地责骂它："你是一只淘气的泰迪！我告诉你，你没有看到，你什么也没有看到！"她不断地重复着，并且变得越来越激烈。我们不难猜测，泰迪得到了它从来没有看到过什么事情的指令。事实上，小女孩的母亲曾是位卖淫的未成年人。

显而易见，父母对孩子施加压力、让他们忘掉一些事情的目的就是确保孩子可以形成并维持关于他们的令人喜爱的形象。我们可以从目前所给出的案例看到，他们施加压力的形式是非常粗暴的。也许在一些案例中，施加压力的形式更不易被察觉，却更为频繁以及同样具有破坏性。

这些年来，人们开始重新关注乱伦现象，关注它的高发生率以及对孩子所产生的病理性影响。这种情况经常发生于父亲与女儿或养父与养女身上。我们相信孩子和青少年的各种问题和症状与这种经历有关，其中包括害怕建立亲密关系、产生睡眠障碍以及自杀意念（Meiseman，1978；Adams-Tucker，1982）。我的同事麦卡锡向我提供了一份可能导致认知障碍的情况的说明，但该报告从未发表过。他怀疑，青春期前的孩子更容易产生这些障碍。下面，我将阐述他的结论。

麦卡锡认为，当父亲和青春期的女儿建立一种性的联结时，这种联结通常会通过秘密眼神、秘密触碰以及暗示等形式得到父亲的确认。然而，父亲可能不会对低龄的孩子做出这样的确认行为。相反他们会在白天表现得好像夜晚的事情从未发生过一样，即使女儿已经进入青春期，这种联结也不会被他们确认。

麦卡锡描述了一位已婚女性的案例。我们在此称她为A女士，她被诊断为抑郁症、药物成瘾以及酒精成瘾。直到治疗进行到四个月后，她才说出她遭受了养父十年的性骚扰。这一切开始于她五六岁的时候，之后她的养母去世，这种骚扰一直持续到她16岁，直到她逃走。她有许多问题，如性冷淡、认为性交非常恶心、内心有一种“肮脏”感。当她自己的女儿4岁时，她的问题加剧了。任何时候，当女儿表现出对父亲的亲热并坐在父亲的旁边，A女士就会感到不安，充满保护欲，感到嫉妒。在这种情况下，她从来不会让他们单独待在一起。治疗中，她明显表现出谄媚和恐惧，对治疗师的一举一动十分警惕。

谈到这段乱伦关系，A女士说，养父在白天从不会暗示晚上会去她的房间。相反，养父会不断地训诫她允许男孩子同自己走得太近是非常危险的，并告诉她婚前贞洁的重要性。当她16岁从家里逃走时，养父不仅要求她不要告诉任何人，而且挖苦她说，“如果你告诉别人，没有人会相信你”。自从养父成为校长和当地的市长后，这些挖苦的话似乎就更是如此了。

麦卡锡在总结这类案例时强调了病人在认知上的分裂（她不明白为什么白天还是令人尊敬的父亲到了晚上就变成了做出

奇怪事情的父亲）。这些病人在小时候被父亲警告不要向任何人——包括母亲——说起发生的事情，她们看着父亲，希望确认这些事情发生过，当没有任何回应时，她们自然会感到迷惑不解。这真的发生了吗？还是我在做梦？我有两个父亲吗？于是几年之后，在她们看来，所有的男性都是不可信任的，一位男性分析师在光鲜亮丽的职业身份背后可能隐藏着一个卑鄙小人的形象，想从自己那里得到某些东西。此外，无论如何不要告诉其他人的禁令和无论如何没有人会相信自己的信念始终在约束着她们说出真相。我们想知道，不了解情况的分析师是否常常会打消患者讲述真相的勇气，并让患者确信即使自己说出了真相，也没有人会相信她？

到目前为止，这些案例中父母迫使孩子屏蔽掉的信息是与外界事件有关的信息。而在其他情况下，比如分离和丧失，孩子被要求屏蔽掉的信息是与自己内心世界的感受相关的事件。

当父母一方去世时，另一方父母或其他亲戚不仅向孩子提供缺失的或有误导性的信息，而且会训诫孩子，使他们感到悲痛是不合适的。米勒（Miller，1979）在报告中描述了一名6岁的小男孩，当他母亲去世后，他的阿姨告诉他：“你必须坚强，不能哭，现在回到你的房间，好好玩。”有时，这种指示比较含蓄。当配偶去世时，寡妇和鳏夫经常害怕表达自己的悲痛，因此也要求孩子屏蔽对死者的所有感受。帕吉（Palgi，1973）在报告中描述了一位母亲责骂小男孩没有为死去的父亲哭泣，小男孩反驳道："我从来没有看到你哭，我如何能哭？"

事实上，在很多情况下，孩子都被明确告知不要哭泣。例如，一名5岁的小孩，他的保姆即将离开，他被告知不要哭，因为这会让保姆感到更加难过。那些被父母留在医院或幼儿园里的孩子会被要求不能哭，否则父母就不会来看他们了。那些父母总不在身边、由不同保姆照顾的孩子常常不被允许表达自己对父母缺席的愤怒和由此而产生的孤独感。当面临分离时，父母常常会清楚地告诉孩子他们不希望孩子想念自己，或者渴望他们回来。人们不仅将这种场合下的悲伤和哭泣视为不适宜的，而且年长的孩子和成人还会嘲笑伤心的孩子，说他是哭泣的小婴儿。在这种情况下，"感受应该被隔离起来"是否值得怀疑呢？

我认为，作为导致信息和感受被排除在意识之外的起因，以上这些情况并没有受到重视。此外，还有一些更为微妙、隐蔽但不常见的情况也会带来相同的影响。例如，一位童年期被剥夺了爱的母亲，会向自己的孩子索取迄今为止她自己仍缺乏的爱。她倒置了正常的亲子关系，要求孩子做自己的父母。对于那些不明所以然的人而言，孩子被溺爱了。但是如果进一步观察，那么他们就会发现，母亲给孩子施加了很大压力。通常孩子被期待对他们得到的照顾充满感激，而不去注意母亲对他们的要求。与母亲的愿望相一致是，他对母亲建立起了单方面的形象，即母亲是充满爱意的、慷慨的，并屏蔽了关于母亲自私、贪婪和令人讨厌的那一面的信息。他在意识上只承认自己对母亲的爱和感恩，而屏蔽了所有对母亲希望自己关心她、阻止自己交朋友和过自己的生活的愤怒。

类似的情形是，有过童年创伤的父母在回想起过去的痛苦时会非常不安，也会变得十分抑郁。他们会要求孩子保持快乐，而避免一些类似悲伤、孤独或愤怒的情感。经过大量的治疗后，一位患者告诉我："我现在明白，我小时候是多么孤单，但是我从来都不被允许感受到这一点。"

大部分孩子对自己的父母都很宽容，更愿意称赞他们，忽视他们的许多不足。然而他们并不乐意按照父母要求的方式去看待父母。父母为了确保孩子只看到自己希望孩子看到的一面，会向孩子施加压力。他们施加压力的方式有很多种，但所有的方式都取决于孩子是否有被爱以及受到保护的迫切需要。对此类问题十分关注的米勒（Miller，1979）引述了一位成年病人——这位病人是一位没有安全感的职业女性最大的孩子——的话语：

> 我是她皇冠上的珠宝。她经常说："马哈（病人的名字）是可以信赖的，她可以应付很多事情。"而我确实做到了。我为她照顾更小的孩子，以便她能够专注于工作。她变得越来越有名气，但是我从来没有看到她开心过。我经常在夜晚思念她。小孩子哭泣时我常会安抚他们，但是我自己从来不哭。谁想要一个总是哭泣的孩子呢？如果我从不质疑她的行为，也不向她表达我有多么想念她，表现得聪明能干、善解人意和自律，那么我就能赢得她的爱。如果我反过来限制了她如此需要的自由，那么她就会背叛我。

在其他一些家庭中，压力更是无处不在。抛弃威胁是控制孩子的一种十分厉害的手段，尤其是对一个很小的孩子而言。面对这样的威胁，一个小孩除了按照父母的要求忘记所有父母希望他忘记的事情之外，他还能做些什么呢？我相信，这种类型的威胁会导致严重的慢性焦虑（Bowlby，1973），并且会导致个体在以后的生活中以长期抑郁——在这种抑郁中，他们的核心信念是，死去的人离世是对他们的有意抛弃和惩罚——的方式对丧亲做出反应（Bowlby，1980）。

我们提出的假设——孩子和成人的各种形式的认知障碍的起因可以追溯到早期经历的某些事情——与关于孩子对外部事件十分敏感的研究发现是相匹配的。相关证据表明，孩子在面对父母拒绝或抛弃自己的威胁时会变得非常脆弱。当孩子进入青春期后，这种状况有所改善。

吉尔（Gill，1970）很好地用实验证明了前青春期的孩子在多大程度上会受到父母的影响。研究样本由10岁的儿童及他们的父母组成，这些儿童均来自伦敦的一所小学。吉尔邀请了40个非移民家庭参加此实验，有25个家庭同意参加。每个家庭都在自家接受访问，同时给他们看呈现在屏幕上的10幅图片，每幅图片呈现2分钟。

在所用的图片中，5幅来自书本或电影，5幅来自主题统觉测验。有一些图片中人物的情感是比较温和的，例如一位母亲注视着怀抱婴儿的小女孩。一些则比较富有攻击性，或比较恐怖。三幅图片描述的是与性有关的主题：一位怀孕的母亲躺在床上；一对夫妇在草坪上相互拥抱；一位女性抓住男人的肩膀，这个男人似乎正要逃开，背景中是一位半裸女性的图片。

这10幅图片依次呈现3次。第一次呈现时，父亲、母亲和孩子被要求单独写下他们在图片上看到了什么。第二次呈现时，研究者要求家庭成员讨论每幅图片中发生了什么，讨论时间为2分钟。第三次呈现时，每位成员被再次要求单独写下他们看到了什么。

研究者发现，有12个孩子以相对直接、实事求是的方式对3幅与性有关的图片进行了描述，而另外13个孩子却没能做到。例如，在描述明显怀孕的女性时，一个孩子坦率地回应道："她正在休息。我能看到她希望有一个小宝宝。我想她睡着了。"另一些小孩对同一幅图片的描述则忽略了所有与怀孕有关的信息，他们会说"有人在床上睡着了""床上躺着一个睡着的男人"。

第二步是去分析在第二次呈现图片时，父母在孩子在场的情况下是如何讨论图片的内容的。这一步由一位对孩子的反应一无所知的心理学家进行分析。非常明显的是，有些父母在描述图片的内容时非常坦率，而有些父母则完全不提图片的内容或表达了对图片内容的厌恶。例如，一位孩子的母亲非常坦率地描述了怀孕女性的图片，她说该女性正在午休，希望有一个宝宝。相反，一些孩子的父母在两分钟的讨论里没有提及任何与"生宝宝"相关的信息。他们将注意力放在那些情感中立的细节上，例如图片中那位女性的发型、睡衣的材质以及家具的质量。毫无疑问，孩子对图片的反应方式同父母随后对图片的讨论之间有非常高的相关性。

第三次呈现时，所有小孩给出的图片描述在准确度方面都有所提高。第一次图片展示中12个坦诚描述图片内容的小孩比另外13个没能报告图片内容的小孩在描述的准确度方面有了显著提高。

毫无疑问，在图片讨论环节，有些家长有意识或无意识地回避了图片中的相关内容。我们也能够合理地推断出，孩子无法在第一次图片呈现时描述有关性的主题的内容，这在某种程度上是因为受到了他们在家庭中体验到的“氛围”的影响。当然，这个实验无法证明，这些孩子真的无法察觉图片中所描述的内容，还是他们察觉到了，却无法将自己看到的内容表达出来。由于青春期前的孩子对自己的感知常常不太确定，因此我猜测，实验中至少有一些孩子是真的不知道图片中正在发生的事情。另外一些孩子可能直觉上知道图片中的某些场景是他本不该看到的，因此就避免让相关信息进入自己的意识当中。

初看起来，某些特定含义的信息会被意识屏蔽在外这一说法是很矛盾的。有人会说，除非一个人在一开始就意识到这些刺激是他希望排除掉的，不然他不可能选择性拒绝对某种特殊刺激的加工。然而，一旦我们认识到知觉是一个多阶段加工过程，这种反驳便站不住脚了。事实上，和弗洛伊德和其他人最初形成的对日后具有深远影响的防御理论相比，有关人类信息加工过程的实证研究对我们理解自动屏蔽某些信息的本质更有帮助。接下来，我会对这些研究进行简要的说明。

研究者对人类知觉的研究（Erdelyi，1974；Norman，1976）发现，在人们意识到自己看到或听到什么之前，经由眼睛和耳朵的感觉输入已经经过了选择、解释以及评估多个环节，在这一过程中，很大部分的原始输入信息被排除出去。这些信息被排除出去的原因是，负责高级处理的通道容量是有限的，必须保护通道不会超载。哪些信息会得到进一步加工，哪些会被排除在外，取决于中央执行器的"决策"。尽管这个加工过程是十分迅速的，并且是无意识的，但是大部分输入信息在被过滤掉之前都是由高级处理阶段完成的。双耳分听实验的结果是一个典型的例子。

在这个实验中，研究者会将两种不同的信息分别传向参与者的两只耳朵。研究者要求参与者只关注一只耳朵（例如右耳）接收到的信息。为了确保参与者持续关注这一信息，研究者会要求他们逐字重复他们所听到的词语，以便“追随”这一信息。研究者通过这种操作，让参与者的双耳实现了“分听”。经检验，参与者对未关注的信息内容一无所知。但也有例外，例如：当参与者自己的名字或对他们而言有重要意义的信息被传向未关注的耳朵时，他们可以很好地注意到这点并记住这些信息。这项实验表明，即使这些信息没有在意识层面得到关注，但是信息还是得到了加工。在这一加工过程中，当信息和参与者相关时，其意义就会受到监测，内容就会受到评估。所有这些都是在参与者不知不觉的情况下发生的。

在人们的日常生活中，决定哪些信息会被保留、哪些信息会被过滤的标准一般是很清楚的，它应能够反映出某一时刻个体的最大利益。因此，当个体感到饥饿时，有关食物的信息会被优先加工，而在其他情况下对个人有益处的信息却会被过滤。当个体受到威胁时，有关危险和安全的信息就会得到优先加工，与食物有关的信息则会暂时被过滤。决定哪些信息会被保留、哪些信息会被过滤的标准变化会受到处于个体人格核心的评价系统的影响。

总之，总结来自邻近学科的研究结果的目的在于强调几个主要观点：首先，个体在整个生命过程中都在不断地筛选信息；其次，个体会屏蔽掉那些在当前情境下与自己无关的信息；最后，这种筛选过程经常在无意识状态下进行。

到目前为止，许多此类研究关注的是信息加工，即知觉过程，而不是信息提取，即回忆。然而，二者背后有着相同的原则。无论是信息加工还是信息提取，其遵循的标准都由一个或多个评价系统所设定。这些标准进一步决定了哪些信息可以得到加工，哪些信息会被屏蔽。多亏了认知心理学家的工作，我们现在可以用操作性术语来描述这一心理机能，即在无意识状态下屏蔽某类特定的信息。

接下来，让我们思考一下第二类容易被遗忘，会影响个体的想法、感受和行为的场景和经历。在这些场景和经历中，父母对待孩子的方式让孩子们难以忍受以致选择遗忘。孩子们不仅会遗忘事件发生的顺序，还会从意识层面过滤掉因此类事件产生的想法、感受和行为冲动，出现人格障碍。在不严重的情况下，个体会表现为拥有自恋人格或假性自体。在严重的情况下，个体可能会出现神游症、精神病甚至多重人格障碍。个体可能在生命早期持续地或重复地体验导致此类人格障碍的经历。这种经历可能开始于出生后前几年，然后持续到第七年，或更久。常见的经历包括反复遭到父母的拒绝，渴望被爱、被照顾、被安抚的需求得不到满足反被嘲笑，更为可怕的经历是遭受身体暴力、性侵犯。多种此类经历并存的情况也并不少见。

我们从这些经历导致的比较轻的人格障碍说起。

前面的章节中曾提到一个“假性自体”的案例。在这个案例中，一位有严重抑郁和自杀倾向的年轻毕业生在治疗中回忆起他的母亲曾不断地拒绝他，对他的哭泣不理不睬，连续几天把自己锁在房间内，还数次离家出走。幸运的是，他找到了理解他的分析师。那位分析师相信他所描述的童年经历，并且极富洞察力地识别出他未被回应的对爱和照料的渴望，以及对母亲采取暴力的想法（最初直接指向治疗师）。我在第四章中还报告了一个案例，这个案例中的病人与上述病人有相似的问题，她从4岁开始在养育机构待了18个月。尽管这些病人在治疗中取得了可观的进步，但在未来的不幸面前，他们依然会比一般人更脆弱。

在过去一些年中，研究者对大量人格障碍似乎起源于童年的糟糕经历的病人的情况进行了报告。例如，在麦卡恩（McCann，1974）报告的一个案例中，11岁的杰拉尔丁被发现在一种眩晕的状态中游离，她忘记了母亲患有绝症，也忘记了最近3年所发生的事情。在治疗快结束时，杰拉尔丁的记忆得到了恢复，她说：“和妈妈在一起，我很害怕自己做出什么出格的行为。我亲眼看到她是如何用语言和行动来攻击爸爸和姐姐的。毕竟，我只是一个小孩子，十分无力……我怎么能对妈妈非常愤怒呢？她是我唯一的安全港湾……发生的事情超出了我的承受能力，我不得不清除自己对那些事情的感受。我必须像什么也没有发生过一样继续活下去。如果我被这样的事情击倒，我就不会在这里啦，我可能会死掉或住进精神病院。”①

杰拉尔丁复杂的精神状态以及童年经历共同导致了她的多重人格障碍。

布利斯（Bliss，1980）在一篇文章中基于临床观察和催眠疗法，对14个被诊断为多重人格障碍的女性进行了描述。布利斯最初假设，患者在不同时间表现出来的子人格是主人格的创造物。布利斯认为，每个这样的子人格最初被创造出来是服务于不同的目的或作用的。根据布利斯给出的例子，我们推断子人格有三种作用。第一种作用是当主人格感到孤独时，例如当父母经常不在身边或对自己不友好，以及没有可以寻求帮助的人时，扮演一个朋友或保护者的角色。第二种作用是麻痹个体，以免体验到无法忍受的痛苦，例如一个四五岁的小女孩与

---

① 我在《依恋三部曲：丧失》中给出了有关麦卡恩解释的长篇摘要（Bowlby，1980）。

母亲住在同一个房间，母亲在死前因为疼痛而尖叫了数小时，小女孩对此表现得无动于衷。第三种作用是代替个体承担思考、感受和行动的责任，比如对曾经想要杀死自己的母亲的仇恨和谋杀冲动；童年时遭到强暴后表现出性感的一面；对父母因自己哭闹而惩罚和威胁自己的恐惧和担忧。

虽然借助催眠疗法得出的结论是有争议的，但加州大学欧文分校的临床研究小组运用传统方法，得出了同布利斯十分相似的结论[①]。他们采用的治疗程序与其他人采用的治疗程序基本无异，并且相关的治疗概念与最后一章中所描述的治疗概念是一致的。

最后，许多儿童精神病学家和儿童心理治疗师（Stroh，1974；Rosenfeld，1975；Bloch，1978；Hopkins，1984）认为，那些思维和行为看起来近似或显然是精神病性的儿童会产生显著的偏执观念。有证据表明，父母持续的虐待会导致这种情况。这类孩子常常在某一时刻十分迷人，与人亲密，但是在下一时刻就会充满敌意。这种变化发生得很突然，并且没有明显的原因。他们最强烈的暴力冲动针对的是那些看起来

① 也见布利斯的结论（Bliss，1986）。克鲁弗特（Kluft，1985）给出了更多的证据，说明在童年期，作为一种对创伤的防御（通常为严重的虐待），多重人格障碍得以发展出来。

或事实上与他们最亲密的人。他们经常受到恐惧的折磨，担心有怪物会攻击他们，试图逃离这种想象中的攻击。至少在有些案例中，这些孩子所害怕的正是父母一方的攻击，而对这种攻击的预期会带来无法忍受的恐惧，这种预期就形成了想象中的怪物。

让我们来看看霍普金斯（Hopkins，1984）报告的6岁小孩西尔维亚的案例。西尔维亚主要的症状是对椅子和其他家具感到恐惧，她称它们为“戴立克”，并且她认为它们会穿过房间去袭击她。“她的恐惧非常强烈，让她缩成一团。看起来她好像在躲避‘戴立克’或其他怪物的攻击那样。我以为她出现了幻觉。”治疗开始时，西尔维亚也表达了她的担忧，她担心分析师会像母亲一样打她。她不仅经常袭击分析师，而且还经常威胁要杀死分析师。

西尔维亚的父亲死于两年前的一场摩托车事故。在同社工好几个月的访谈期间，她的母亲表现得十分谨慎，很少谈及自己的家庭关系。最后——大概两年之后——真相终于浮出水面。母亲承认自西尔维亚出生后，自己就十分排斥她。母亲与西尔维亚的父亲都有想杀死西尔维亚的冲动。母亲坦白说，自己对待西尔维亚的方式是“十分残忍的”。西尔维亚父亲的脾气也十分暴躁，他经常乱摔家具。他还经常打西尔维亚，甚至将她扔到房间外去。

因此，“戴立克”的身份毋庸置疑。在“戴立克”攻击的“幻想”背后是基于一系列事实的预期——父亲或母亲会攻击她。正如布洛赫（Bloch，1978）和其他分析师所提倡的那样，对于这类案例，我们应该认识到，病人口中那些很容易被看作幻想的描述是对残酷现实的反映，早期的治疗任务是识别出这种描述背后的真实生活经历。

那些有多重人格障碍的成年病人不仅和那些近乎精神病态的儿童有着相似的童年经历，而且不同的分析师对他们的心理状态的描述也是惊人地相似。另外，需要注意的是，这些结果支持了尼德兰的假设（Niederland，1959a，1959b；Bowlby，1973），他认为贾奇·施雷贝的被害妄想——弗洛伊德基于此提出了他的偏执理论——是极端教育的扭曲结果（他的父亲在他出生几个月后开始支配他）。

正如我的其他文章那样，在这篇文章中，我关注的是精神病理学方面的内容。这是因为我相信只有更好地理解病因学和精神病理学，我们才有可能提出治疗策略，特别是提出干预措施，从而大大提高专业人员的效率，节省他们的精力。

我的治疗方法同原有的治疗方法大不相同。基本假设非常简单。只要当前的想法、感受和行为模式由被意识隔绝在外、引发强烈情绪的重大事件所决定，那么个体就倾向于用错误的想法、感受和行为模式来应对当前情境。只要对爱和照料的渴望仍被隔离在外，那么个体就难以知道曾经发生了什么。个体会把愤怒发泄在不恰当的对象身上。类似地，焦虑会持续地被不恰当的情景以及来自不恰当源头的敌意行为唤起。因此，治疗的任务是帮助病人发现曾经发生了什么，从而使得病人的想法、感受和行为能够再次与唤起它们的情境建立连接。只有这样，病人渴望接近的对象、引发他愤怒的对象、让他感到焦虑和恐惧的对象才会变得清晰起来。病人会发现，自己的想法、感受和行为模式并没有之前看起来那样合理。一旦病人知道自己如何反应以及为什么这样反应后，他们就会重新评估自己的反应，还会对自己的想法、感受和行为模式进行根本的重建。由于这些再评估和重建只能由病人自己完成，因此分析师的任务是帮助患者发现与当前状况相关的过去经验，并思考它们是如何对自己产生影响的。只有这样，病人才能重构自己的想法、感受和行为模式。

这里所说的关于治疗过程的概念与其他人所说的在很多细节上是相似的，可参见彼得弗里昂德（Peterfreund，1983）和盖达诺与里奥蒂（Guidano & Liotti，1983）的出版物。尽管这两本书的作者从完全不同的视角出发开展治疗工作——分别从精神分析和行为疗法的视角出发——但是指导他们工作的原则却越来越相似。类似地，尽管当前治疗丧失的方法——关注的是过去不久的时间里所发生的痛苦事件——背后有着不同的传统理念，但它们却基于近乎相同的原则（Raphael，1997；Melges & DeMaso，1980）。总之，无论策略多么不同，策略背后的思考常常是趋同的。

第七章
依恋之于人格发展的意义

在20世纪80年代，研究者在研究中获得了大量关于依恋之于人格发展的作用的证据。针对不同群体开展的相同研究证明了据研究得出的相关证据的可靠性，研究者能使用的研究方法越来越多，父母与孩子的简单双向沟通对健康情绪发展的作用也受到了重视。在本章中，我将用一种精神卫生领域的心理治疗师能够接受的形式对这些研究结果进行综述。

为方便读者，我先总结一下依恋理论的一些特点。

依恋理论的一些鲜明特点

为了解释某种特定的行为模式，我提出了依恋理论，以便替代依赖和过度依赖的概念。最初，依恋理论的提出有赖于对儿童在陌生情境中对陌生人做出何种反应以及随后这种经历对儿童与父母关系的影响之观察。后来，依恋理论持续地聚焦于观察个体在特定情境中的反应。依恋理论起源于精神分析中的客体关系理论，同时借鉴了进化论、行为学、控制理论以及认知心理学的概念。它用一种和现代生物学、心理学相兼容的方法对精神分析理论进行了革新，符合自然科学的一般标准。

依恋理论强调：

（a）个体间的亲密情感纽带受到中枢神经系统的调节，其主要生物功能是运用个体及其依恋对象的工作模型[①]。

（b）父母（尤其是母亲）对待孩子的方式对孩子的发展会产生很大影响。当前关于儿童发展的知识对一个新的理论提出了要求，这个新的理论应能够取代强调具体发展阶段的旧理论（这一理论认为个体可能是固着在或退行到某个发展阶段）。

亲密情感纽带的主要意义

依恋理论认为，与特定个体建立亲密情感纽带的倾向是人

---

① 在早期的出版物中，我有时会使用“表征模型”这一术语作为“工作模型”的同义词，因为表征是一个在临床文献中更为大家所熟悉的概念。但是，在动力取向的心理学研究领域，工作模型这个术语更为恰当，它也是当代认知心理学家使用的词语（Johnson–Laird，1983）。在依恋框架中，依恋对象的工作模型这一概念在很多方面类似于并且可以取代传统的“内在客体”概念。

类的天性之一，贯穿个体的一生。在婴儿期和儿童期，个体会和父母（或父母的替代者）建立情感纽带，期待从他们那里得到保护、安抚和支持。在青春期和成年期，个体还会寻求和其他人建立情感纽带。尽管食物和性有时候在维持依恋关系中起着重要作用，但是决定依恋关系存在的却是它的保护功能。最初，母婴交流主要是通过情感交流实现的。尽管后来有了言语交流，但是情感交流仍然是亲密关系的首要特点。

因此，在依恋框架中，亲密情感纽带既不从属于也不起源于食物和性。个体在困境中对安抚和支持的迫切需要也并非如依赖理论所说的那样“孩子气”。相反，能够与其他个体建立亲密情感纽带被认为是人格发挥有效功能和心理健康的首要特点之一。

一般来说，弱者或欠缺经验的个体会寻求强者或智者的照料。寻求照料的儿童或老人通常会同照料者保持在一定距离内，距离远近取决于环境因素。

对环境的探索，包括与同辈开展的游戏和各种活动，被视为“第三种基本成分”，同依恋行为是对立的。当受到惊吓，感到焦虑、疲倦和不舒服的时候，个体会产生一种亲近他人的冲动。安斯沃思（Anisworth，1967）把亲子互动的典型模式看作从安全基地出发开展的探索行为。假如父母是可接近的、有求必应的，儿童会感到足够安全，从而能够去探索外面的世界。最初，这些探索行为会局限在一定的时间和空间内。大概到第三年中期，有安全感的孩子会逐渐增加探索的时间（从半天到一整天），扩展探索的空间。进入青春期后，他们的探索时间可能会增加到数周或数月，但是一个安全的家庭基地仍然是个体发挥最佳功能和维持心理健康的必备条件。安全基地是依恋理论的一个核心概念。

在生命最初的几个月，婴儿会表现出一些依恋行为，但是稳定的依恋模式直到第一年的后半年才逐渐形成。从出生开始，孩子就表现出一种天生的能力——参与社会互动并从中享受到愉悦（Stern，1985）。随后几天，他们能够通过声音、气味以及怀抱他的方式来区分母亲和陌生人。到第四个月，他们才具有视觉辨别能力。刚出生后，哭泣是孩子发出自己需求、寻求安慰和满足的唯一方式。只有到了第二个月，孩子的社会性微笑才开始鼓励母亲给予他们更多的照顾，彼此的情感交流也因此迅速增加（Izard，1982；Emde，1983）。

依恋行为——目标是接近母性形象——作为一种模式固定下来要求孩子发展出一种认知能力，即当母亲不在场的时候可以产生关于母亲的心理图像，这种能力在第一年的后半年得到发展。从第九个月开始，孩子主要以抗议和哭喊的方式来回应陌生人。这些观察表明，婴儿在这几个月开始发展出表征能力，建立起关于母亲的工作模型，以便在母亲不在场时确认新出现的人是否是母亲，并且当母亲返回时认出她。作为这一工作模型的补充，婴儿还发展出了自己与母亲、父亲互动时的工作模型。

依恋理论的主要假设是：依恋行为受到中枢神经系统中的某个子控制系统的控制，就像生理控制系统那样，时刻监控着生理指标，如血压、体温等。根据依恋理论，依恋控制系统维持着个体与其依恋对象的关系，让双方保持在适当的距离内。这一控制系统的提出让依恋理论包含了一个可以取代传统理论的动机理论。这一理论有几大优点：它不仅关注激发特定行为的条件，而且关注终结特定行为的条件，此外还为实证研究提供了一个有效的框架。

依恋控制系统及其与个体建立的自我及依恋对象的工作模型的关系一起构成了个体终生人格功能的核心特征。

依恋模式及影响其发展的条件

对孩子发展的影响是依恋理论关注的第二大主题。如今，越来越多的证据表明，个体在婴儿期、儿童期和青春期发展出的依恋模式会受到父母（或其他养育者）对待他们的方式的深远影响。这些证据来源于大量的系统性研究，其中影响较大的是那些在临床研究方面也颇有造诣的发展心理学家对个体在生命前五年的社会情绪发展的研究，比如安斯沃思（Ainsworth，Blehar，Waters & Wall，1978；Ainsworth，1985）、梅因（Main，Kaplan & Cassidy，1985）、索洛夫（Sroufe，1983，1985）、格罗斯曼（Grossmann & Schwan，1986）的研究。他们的研究成果非常一致，具有重要的临床意义。

由安斯沃思和同事最初于1971年提出的关于三种主要的依恋模式以及促使其形成的家庭环境的观点目前已经得到认可。

第一种是安全依恋模式。个体相信，如果自己处于困境中，父母是可接近的、有回应的、有帮助的。带着这种确定感，个体会非常勇敢地探索世界。这种模式是由可接近、对孩子发出的信号敏感，且在孩子寻求保护和安慰的时候积极给予回应的父母促成的。

第二种模式是矛盾型依恋模式。个体不确定在自己需要的时候，父母是否是可接近的、有回应的、有帮助的。因为这种不确定感，个体容易产生分离焦虑，倾向于依附，并且对探索世界感到焦虑。在这种模式中，冲突是显而易见的。这种模式是由偶尔可以而其他时候无法帮到孩子的父母促成，同时临床研究发现，短暂的分离以及抛弃威胁也在一定程度上促成了这种依恋模式。

第三种是回避型依恋模式。个体不相信自己在寻求父母照顾的时候会得到有效的回应，反而认为自己会被无情地拒绝。这些个体的生活在很大程度上缺乏爱和支持，他们尝试在情感方面自给自足，形成自恋型人格或温尼科特（Winnicott，1960）所说的假性自体。在这种模式中，冲突往往不易被察觉。母亲总是对寻求保护或安慰的孩子很冷漠。重复的拒绝造成了一些极端情况。

虽然研究者在大多数个案中观察到的模式可归于这三种模式中的一种或另一种，但是仍存在一些令人困惑的例外。有些婴儿在研究所采用的陌生情景测试中表现得不知所措。一个婴儿表现得十分茫然，另一个婴儿全然不动，第三个婴儿表现出一些刻板行为，第四个婴儿开始还活动，后来却莫名其妙地停下来。在进行了许多研究之后，梅因和她的同事总结到，这些婴儿的依恋模式通常可归于焦虑矛盾型依恋模式（Main & Weston，1981；Main & Solomon，1990）。那些遭受身体虐待或受到父母忽视的婴儿也属于这种情况（Crittenden，1985）。此外，母亲本人的情况——如患有严重的双向情感障碍、仍在哀悼自己在童年期丧失的父母之一、在童年期遭遇过身体和性虐待——也会使得孩子发展出这种偏差模式。（Radke-Yarrow et al.，1985；Main & Hesse，1990）。表现出这些偏差模式的案例显然需要研究者给予更多的关注。

关于这些偏差模式的起源的知识以最清楚的方式证实了父母对待孩子的方式对孩子的依恋模式的影响。进一步的证据来自研究者对不同父母如何对待两岁半的孩子进行的详细观察（Matas，Arend & Sroufe，1978）。在这项研究中，孩子被要求去完成一项稍有难度、需要他人帮助才能完成的小任务，母亲可以自由地与孩子互动。结果发现，母亲对待孩子的方式与18个月前孩子对其表现出的依恋模式密切相关。之前被评定为具有安全型依恋模式的孩子的母亲此时会对孩子的表现非常敏感，以富有帮助和鼓励性的方式对孩子获得的成功和面临的困境给予回应。相反，之前被评定为具有非安全型依恋模式（矛盾型和回避型的统称）的孩子的母亲在实验中对孩子的表现相对没有那么敏感，一些母亲回应不及时或无法提供帮助，一些母亲可能根本不关注孩子当下的行为和感受，还有一些母亲甚至会拒绝孩子对获得帮助和鼓励的要求。值得注意的是，一个具有安全型依恋模式的孩子的母亲所采用的互动模式正是我们所提倡的最优互动模式。

在强调母亲对孩子发展的影响的同时，我们还应该考虑是什么使得母亲采取某种养育方式。母亲在童年时期获得的情感支持是否充裕是主要的影响因素之一。另外，母亲在童年时期接受的养育方式也需要考虑在内。一旦这些影响因素受到重视，一味指责父母的态度就会消失。由于父母的情绪问题源于过去，其对孩子的影响目前已经成为系统化研究的一个领域，因此我们会在第八章的结尾处给出一个相关的研究概述。

依恋模式的持久性

前瞻性研究的结果表明，每种依恋模式一旦成型，会表现出相对的持久性。原因之一可能是，父母对待孩子的方式，不论好坏，都倾向于稳定不变。另一个原因可能是，每种模式都倾向于“自养”。因此，一个具有安全型依恋模式的孩子会是一个更加快乐、感觉更值得照顾的孩子，也比具有非安全型依恋模式的孩子要求更少。一个具有矛盾型依恋模式的孩子更容易抱怨。一个具有回避型依恋模式的孩子会和人保持距离感，产生欺负其他孩子的倾向。在后面两种情况下，孩子的行为都可能引发父母的不良反应，从而产生恶性循环。

虽然说这些模式一旦成型就会持续下去，但绝不是不可改变的。有证据表明，在生命最初的两三年里，依恋模式是一种关系属性，例如孩子对母亲或孩子对父亲，如果父母对待孩子的方式发生变化，依恋模式也会相应地发生变化。索洛夫

（Sroufe，1985）认为，依恋模式的稳定性不可归因于所谓的孩子的天生气质。随着年龄的增长，依恋模式会逐渐成为孩子自身的一种属性。他们倾向于把这种模式运用到和老师、养父母、分析师等人的关系中。

一项前瞻性研究发现，孩子在一岁时发展出的依恋模式能够高度预测其三岁半以后在托儿所的表现。那些在一岁时表现出安全型依恋模式的孩子在三岁半进托儿所后，老师通常会描述这个孩子是合群的、受其他孩子欢迎的、有韧性的、灵活的、机智的。那些表现出回避型依恋模式的孩子则被老师描述为情绪隔离的、充满敌意的或反社会的。自相矛盾的是，他们会过度地寻求关注。在老师看来，那些表现出矛盾型依恋模式的孩子也会过度地寻求关注，看起来十分紧张，易冲动、容易感到挫败和无助（Sroufe，1983）。另有两项前瞻性研究——一项来自加利福尼亚（Main & Cassidy，1988），一项来自德国（W.rtner，1986）——都证实了个体在一岁时发展出的依恋模式对五年后与母亲的互动模式具有高度的预测作用。

虽然个体在六岁时朝向父母的行为远多于一岁时朝向父母的行为，但是我们仍然可以在孩子身上识别出早期的依恋模式。六岁时表现出安全型依恋模式的孩子会以一种轻松、友好的方式来对待自己的父母，可以轻易地、不易察觉地与他人建立亲密关系，可以展开自由、流畅的交谈。表现为矛盾型依恋模式的孩子会感到悲伤和恐惧，对父母时而亲密，时而充满敌意，这些情绪有时是不易察觉的，有时是显而易见的。在某些情况下，孩子的行为在观察者看来有些刻意。正如他们总是认为父母会给自己负面反应那样，他们试图通过炫耀、装可爱或表现得有魅力来使自己满意（Main & Cassidy，1988）。

表现出回避型依恋模式的儿童倾向于与父母保持一定距离。他们打招呼的方式往往简短而正式，交流的主题也是非个人的。他们会一直玩玩具或从事其他活动，对想要参与其中的父母不理不睬。

一岁时表现出混乱型依恋模式的孩子，在五年后倾向于控制或主导父母。这一点很明显，他们或是羞辱、拒绝父母，或是挂念、保护父母。这些临床案例被标以父母与孩子角色倒置的标签。父母与孩子之间的对话是碎片式的，句子有头无尾，主题丰富但总是突然发生转变。

在考察六岁孩子与其父母的互动模式的持久性时，我们不禁要问：这种模式是否根植于个体的人格当中，又是否是父母对待孩子的方式的一种反映？临床经验告诉我们，两个问题的答案都是肯定的。对此，我们可以借助家庭疗法或者同时给予父母和孩子帮助。

关于母亲与孩子的互动和父亲与孩子的互动分别对孩子的人格发展产生了怎样的影响，我们所知甚少。可以肯定的是，人格的不同方面受到的影响是有差异的。两类互动对男性个体的影响可能不同于对女性的影响。这显然是一个亟需进行大量研究的复杂领域。此外，似乎在生命早期，母亲与孩子的互动对孩子人格发展的影响更大。对于这一点我们并不诧异，因为在已知的各种文化中，大部分婴儿、儿童与母亲的互动远远多于与父亲的互动。

到目前为止，关于依恋模式的持久性以及各种依恋模式对应的人格特点的前瞻性研究针对的都是六岁以下的儿童。虽然如此，几项针对年轻成人的研究表明，各种依恋模式对应的人格特点在年轻成人身上也存在（Kobak & Sceery，1988；Cassidy & Kobak，1988；Hazan & Shaver，1987）。除了那些家庭关系发生巨大变化的个体，多数人的依恋模式很可能是一直持续的。我们的临床经验完全支持这一观点。

内化理论

为了解释依恋模式逐渐成为儿童自身属性的倾向，关于自我和父母的内在工作模型的概念被纳入了依恋理论中。儿童在生命最初几年会建立一个有关母亲及其对待自己的方式的模型，一个有关父亲及其对待自己的方式的模型以及一个与父母互动的模型，这些一起成为富有影响力的认知结构（Main，Kaplan & Cassidy，1985）。有证据表明，这些模型都是建立在孩子与父母日常互动的真实生活经历基础之上的。个体建构的自我模型能够反映出父母如何看待他们。这些模型决定了个体如何看待父母及自己，以及他希望父母如何对待自己，自己以什么方式回应父母。它们还控制了个体在白日梦里所表达的恐惧和愿望。

有证据表明，这些关于自我和父母的模型一旦建立，就会维持下去，在潜意识层面运行。当一个拥有安全型依恋模式的孩子逐渐长大，他的父母对待他的方式发生变化时，他就会更新他的模型。这说明，尽管有时间上的延迟，孩子建立的模型会持续地模拟他同父母之间的互动。相反，在拥有非安全型依恋模式的孩子身上，模型的更新会因为个体防御性地排除了异质的经验和信息而受到阻碍。这说明，即使个体在长大后遇到的他人以不同于父母对待自己的方式对待自己，个体建立的模型所主导的互动方式也倾向于保持不变，持续下去。

要理解这种关于模型更新的差异，母亲同孩子之间的交流程度是一个值得关注的方面。布雷瑟顿（Bretherton，1987）对此给予了特别关注。

值得注意的是，在上述梅因的纵向研究中，早期表现出安全型依恋模式的儿童与母亲互动的方式非常不同于表现出非安全型依恋模式的儿童与母亲互动的方式。早期表现出安全型依恋模式的孩子与母亲在交流中更为流畅，有更多的情感表达，涉及不同的主题，其中包括私密性的话题，而表现出非安全型依恋模式的孩子则并非如此，他们与母亲的交流呈碎片式，会突然地改变话题。还有一些孩子，尤其是回避型依恋模式的孩子，与母亲的交流是受限的，谈论的主题是非个人化的，不表达任何感受。交流是自由的还是受限的这一区别可以帮助我们理解为什么有的孩子可以健康成长，有的孩子则发展异常。这一点也是心理治疗的核心关注点。

两个人之间的关系要进展和谐，双方都必须理解彼此的观点、目的、感受以及意图，调整自己的行为，以符合双方的利益。这需要每个人都有相当准确的关于自我和他人的模型（在双方日常的自由沟通中会不断得到更新）。在这一点上，表现为安全型依恋模式的孩子的母亲做得比表现为不安全型依恋模式的孩子的母亲更好。

从生命早期开始，那些表现为安全型依恋模式的孩子与母亲的自由交流就远远超过那些表现为非安全型依恋模式的孩子（Ainsworth，Bell & Stayton，1971；Blehar，Lieberman &

Ainsworth，1977）。表现为安全型依恋模式的孩子的母亲的特点是：能够持续地监测孩子的状态，孩子无论以何种方式或何时发出寻求关注的信号，她都能够觉察到，并给予相应的回应。相比之下，后来发展出非安全型依恋模式的婴儿的母亲可能偶尔才会监测婴儿的状态，当她注意到婴儿发出的信号时，可能会不恰当地给予回应或延迟回应的时间。等到孩子长到一岁，这些关于自由交流的差异会在安斯沃思的陌生情境实验中展露无遗（Grossmann & Schwan，1986）。在陌生情境实验中，最初当婴儿和母亲单独待在一起时，和不安全型依恋模式的孩子相比，安全型依恋模式的孩子和母亲会通过眼神接触、面部表情、言语进行更多的直接交流。当与陌生人单独待在一起时，二者也会有所差异。在之后与母亲的团聚阶段，16个具有安全型依恋模式的孩子中有15个可以与母亲直接交流，而非安全型依恋模式的孩子则无法做到这一点。此外，还有另一个显著差异：表现为安全型依恋模式的孩子，无论在感到快乐的时候，还是在感到痛苦的时候，都会与母亲直接交流；表现为非安全型依恋模式的孩子只有当他们感到快乐时才会与母亲直接交流。

到12个月大的时候，有些孩子已经不再对母亲表达自己内心最深的情感以及对安抚的强烈需求。我们很容易看到，孩子与母亲之间的沟通出现了严重的问题。不仅如此，由于孩子关于自我的模型受到母亲看待和对待他们的方式的深远影响，因此母亲不能在他们身上看到的品质，他们也不可能看到。我们推测，孩子人格的主要部分会与母亲能够识别和给予回应的那部分人格——在某些情况下还包括母亲误认为孩子拥有的人格——分离开来。

这一分析的要点是：人格不同部分之间的交流障碍——这一障碍在早期被弗洛伊德视为需要解决的关键问题——被看作母亲与孩子的交流方式的一种反映。如果母亲只对孩子的某种情感交流做出积极的回应，而对其他部分视而不见，那么孩子就会建立一种模式来认同得到积极回应的那部分，而否认其他部分。

我认为，依恋理论可以解释为什么有的人发展出了健康、有韧性的人格，而有的人发展出了焦虑、抑郁的人格或者假性自体及其他脆弱的人格。或许，一些致力于从认知上解决人格发展问题或病理现象，同时关注情绪的作用的研究者——比如爱普斯坦（Epstein，1980，1986）和里奥蒂（Liotti，1986，1987）——在建构与此相契合的理论，并不是巧合。

母亲回忆自己童年经历的方式的变化

来自梅因的一项纵向研究得出了一个非常重要的结论：

情感上以及认知上的自由交流对心理健康有决定性影响。在对孩子的母亲进行访谈后，梅因发现，母亲在童年期与自己父母的关系与当前她的孩子发展出的依恋模式之间存在很强的相关（Main，Kaplan & Cassidy，1985；Morris，1981；Ricks，1985）。具有安全型依恋模式的孩子的母亲能够自由交流，谈论自己童年的感受，而具有非安全型依恋模式的孩子的母亲则做不到这一点。

在研究中，研究者让母亲描述其早期与父母的关系以及与依恋相关的事件，以及这些关系和事件对她们的人格发展的影响。在进行分析时，研究者把同样多的注意力放在母亲讲述自己故事的方式、对于问题的反应和她所叙述的具体内容上。结果表明，具有安全型依恋模式的孩子的母亲往往拥有一个相当快乐的童年，愿意提起童年往事，并且毫不避讳不愉快的事件。相比之下，具有不安全型依恋模式的孩子的母亲对过去的描述方式非常不同。一位孩子表现出矛盾型依恋模式的母亲在描述与自己母亲的一段不愉快的关系时，表现出明显的困惑，内心仍纠缠其中。如果她的母亲尚在人世，她显然还会与她纠缠在一起。一位孩子表现出回避型依恋模式的母亲以一种概括性的、不带感情色彩的方式叙述了她的快乐童年生活，但是她无法给出任何支持性的细节，反而给出了一些与“快乐童年”不符的细节。通常，这样的母亲会坚持说自己已经忘记了自己在童年被如何对待的往事。因此，临床工作者的一个总体印象就是：和童年不快乐的母亲相比，拥有快乐童年的母亲更可能会拥有一个具有安全型依恋模式的孩子。这一点已经得到验证。

尽管如此，仍有一些例外。有一些母亲自称拥有一个不快乐的童年，但她们也拥有发展出安全型依恋模式的孩子。她们与发展出非安全型依恋模式的孩子的母亲不同的地方就在于，尽管她们讲述了很多过去的不愉快经历，甚至在讲述时泪流满面，但是她们每个人都能够以一种流畅、连贯的方式来讲述这些经历。这使得她们经历中的积极部分和消极部分能够被整合起来，让她们表现得类似于具有安全型依恋模式的孩子的母亲。在研究者看来，这些母亲已经对自己早期的不愉快经历做了许多反思，思考它们如何长期影响自己，以及为什么她们的父母会以某种方式对待自己。实际上，她们似乎已经和自己的经历达成了和解。

那些孩子表现为非安全型依恋模式、自身又拥有不愉快童年经历的母亲在叙述时却没有那么流畅和连贯，常常充满了矛盾。事实上，孩子表现为非安全型依恋模式的母亲正是那些声称自己无法回忆童年经历的母亲。①

根据这些研究，梅因和她的同事们得出以下结论：能够自由提取并连贯组织与依恋相关的信息对安全型人格的塑造具有决定性作用。那些拥有快乐童年的人可以自由地获取这些信息的情感和认知方面。对于那些遭遇不幸或父母迫使他忘记不幸事件的个体，这种信息提取是痛苦的、困难的，并且在没有帮助的情况下确实很难做到。然而，当她们能够重新提取这些不愉快的记忆时，她们会和那些童年快乐的母亲一样，对自己孩子的依恋行为做出回应，使得孩子发展出安全型依恋模式。这一发现在很大程度上激励着那些以这种方式帮助母亲们的分析师。关于如何帮助在育儿方面有困扰的母亲的技术，参看第八章的末尾处。

人格发展的路径

在关于发展的观点上，传统精神分析理论和依恋理论存在很大分歧。传统精神分析理论推崇的是传统的发展模型。这一模型认为，个体可能会固着在或退行到某个发展阶段。依恋理论推崇的是发展路径模型。这一模型认为，个体是沿着一系列

---

① 通过对数据的进一步检测发现，所有的联结模式也都适用于父亲。

潜在的发展路径发展的。有些路径可能是正常的，有些可能是偏离的。

所有传统的发展模型及其变体都是基于以下假设：在某些发展阶段，孩子身上会呈现出某些特质，而如果一个成人出现了这些特质，那么就会被视为病理现象。因此，一个有慢性焦虑和依赖性强的成人可能会被视为固着在或退行到了口欲期。同时，一个极度沉默寡言的成人可能被视为退行到了自恋期。针对人类婴儿开展的系统研究（Stern，1985）已证明这一模型是站不住脚的。研究显示，婴儿从出生起就会做出社会性回应。除非受到惊吓或感到痛苦，健康发展的幼童不会表现出焦虑性依赖。大多数时候他们会非常自信地进行探索。

发展路径模型认为，个体自出生起就拥有一系列对他开放的潜在发展路径，它们是由个体与环境互动的每个时刻决定的。除了天生具有某些神经损伤的婴儿，多数婴儿都拥有一系列潜在的发展路径。个体发展的特定路径是由他所处的环境，尤其是父母（或父母的替代者）对待他的方式以及自己的回应方式共同决定的。父母比较敏感的孩子能够走向一条健康的发展路径。如果父母是不敏感的、无回应的，经常忽视和拒绝孩子，那么他们的孩子会走向一条有所偏离的发展路径，在严重的困难面前很容易感到挫败。尽管如此，随后的发展路径并不是固定不变的。父母改变对待孩子的方式能够将孩子引向一条更好或更坏的发展路径。虽然随着年龄的增长，个体在心理方面的变化会越来越小，但这种变化终其一生都有可能发生。这种变化的潜力意味着个体在任何时候都有可能受到生命中的逆境的影响，也有可能在任何时候受到有利的影响。这种改变的可能使得有效的治疗成为可能。

第八章
依恋、沟通与治疗过程

我在1976年为“莫斯里演讲”准备的演讲稿——后于1977年以“情感纽带的建立与破裂”为题发表——的第二部分中，阐述了依恋理论对于治疗的意义。本章可以被视为早期研究的扩展内容。在本章中，我着重关注了病人的早期经历影响移情关系的方式，并进一步说明了分析师的目标——使病人能够重建关于自身以及依恋对象的工作模型，从而走出被受到遗忘的痛苦控制的魔咒，更好地识别现在正在陪伴自己的同伴。

未被理解的事情会不可避免地再现；如同一个阴魂不散的魔鬼，只有破除神秘和魔咒，它才会安息。

西格蒙德·弗洛伊德

于1909年

无法回忆过去的人注定会重复过去。

乔治·桑塔亚那

于1905年

五个治疗任务

前面章节中概述的人格发展和心理病理理论可以作为指导现今三种主要的治疗模式——个别治疗、家庭治疗和团体治疗——的框架。在此，我只探讨第一种治疗模式。

应用依恋理论的分析师会认为自己为病人提供了一种条件，在这种条件下，病人可以探索关于自己和依恋对象的表征模型，并根据在治疗关系中获得的新体验和新理解来重新评估和重新建构它们（最终目的）。在帮助病人实现这一目的的过程中，分析师的任务主要有以下五种：

第一种任务是为病人提供一个安全基地，让病人可以探索自己在过去和现在的生活中发生的各种不开心、痛苦的事情，这些事情是他之前很难或不可能去思考的，因为没有一个值得信任的伙伴给予支持、鼓励、共情以及偶尔的指导。

第二种任务是在病人的探索过程中帮助病人，主要通过鼓励病人思考自己在当前生活中与重要他人的互动方式，对自己以及他人的感受和行为的预期，以及他在选择一个可以建立亲密关系的对象或陷自己于不利境地时，是什么潜意识的偏见在发挥作用。

第三个任务是鼓励病人去评估两人之间的治疗关系。在此关系中，病人会把自己对依恋对象看待和对待他的方式的预期代入其中，而这种预期是他关于父母和自我的工作模型所揭示的。

第四个任务是鼓励病人思考他当下的感知、期待、感受和行为是如何产生的。它们可能是病人在童年时期与父母一起经历的事情的产物，也可能是他们在父母口中反复听到的事情的产物。这是一个相当痛苦、困难的过程，分析师需要引导病人去思考那些他们对父母存有的不可思议的想法和感受。这样一来，病人便会发现自己受到强烈的情绪和行为冲动的驱使，有些直接指向父母，有些指向分析师，还有许多是他所恐惧的、感到陌生的、难以接受的。

分析师的第五个任务就是让病人能够识别自己和他人的内在意象（模型），这些意象来源于过去的痛苦经历或父母的误导性言语，但是在相关文献中全部被错误地标以“幻想”的标签，可能适用于也可能不适用于自己当下和未来的生活。一旦病人理解了这些意象（模型）的本质，并追溯到它们的根源，他们就会理解自己在行动、感受、思考事情时，是什么在主导自己看待世界和自己。然后，他们就可以依据当下与情感上的重要他人——包括父母、分析师——在一起时的感受，站在合适的角度来审视这些意象（模型）的准确性和恰当性，审视这些意象所导致的想法和行为。慢慢地，他们就会看到这些旧的意象（模型）的本质是什么（过去经历的合理产物或者他们反复被告知的内容），进而可以自由地想象适合自己当下生活的更好选择。通过这些方法，分析师希望病人不再做过去无意识模型的奴隶，以新的方式去感受、思考和行动。

读者可能会意识到这些原则与其他认为人际关系中的冲突是理解病人问题的关键所在，关注移情，关注病人与父母在一起的早期经历的心理分析师所描绘的原则有很大的相似之处。这些分析师中最著名的是：英国的费尔贝恩、温尼科特、冈特里普以及美国的沙利文、弗洛姆、吉尔和科胡特。除此之外，还包括短程心理治疗领域的彼得弗洛恩德（Peterfreund，1983）、卡斯门特（Casement，1985）、派恩（Pine，1985）、斯特鲁普和宾德（Strupp & Binder，1984）、马兰（Malan，1973）、霍罗维茨等人（Horowitz et al.，1984）。在这里，我想特别说明的是霍罗维茨等人的研究。在治疗患有急性应激障碍综合征的病人时，他们提出了一个与当前依恋理论非常接近的概念框架。虽然他们这样做的目的是帮助病人从当前严重的应激事件中走出来，但是我认为他们的工作原则也同样适用于帮助病人摆脱多年前的应激事件所造成的慢性应激障碍的影响。

虽然看起来我们可以有逻辑地罗列出分析师的五大任务，但是在有效的治疗中，这些任务是联系在一起的。除非分析师能够让病人感到安全，否则治疗就难以继续。因此，我们认为治疗师的首要任务就是给病人提供一个安全基地。这个任务类似于温尼科特的“抱持”（holding）和比昂的“容纳”（containing）。

分析师给病人提供一个安全基地，以便他们安心地探索和表达自己的想法和感受，这类似于母亲给孩子一个安全基地，从而让他们能够安心地探索世界。分析师要对病人的探索活动给予关注和回应，如果可以，还要通过病人的眼睛去看待和感受世界，也就是积极共情。他也应该意识到，由于病人在过去遭受的不幸，他们可能不会相信分析师是值得信任的，并且能够理解自己的困境。分析师对病人的持续关注和回应会让病人感到，分析师可以给予自己一直渴望又不曾获得的关心和爱护。在某些情况下，分析师可能会承受过多的指责和敌意，而在另外一些情况下，分析师可能会被要求给予过度的关怀。由于对事情的误解及其所导致的情绪和行为是病人问题的核心，因此分析师需尽可能多地了解各种误解的形式，以及导致误解的各种早期经历。否则，分析师就无法从病人的角度去观察和感受世界。

尽管如此，病人与分析师建立关系的方式不仅由病人的过去决定，也受到分析师对待病人的态度的影响。因此，分析师需要觉察自己对关系的影响。他们可能会把在童年时期的经历代入治疗关系中。这在治疗中被称为反移情。反移情本身就是一个重要主题。在这里，我们不可能对此展开进一步的讨论。我不仅想强调反移情的重要性，而且想强调治疗的焦点一定要着眼于当下的咨访互动，并且激励病人去探索自己过去的唯一原因是过去影响了他们当下的感受和对待生活的方式。

让我们来看一下曲解的可能形式及其来源。这是治疗的一个方面。支持依恋理论的分析师可能与支持传统人格发展和精神病理学理论的分析师存在很大差异。比如，前者会把病人的误解视作过去真实经历或反复被告知的事情的合理产物，后者则把这些误解视为自发的无意识幻想的非理性产物。

接下来，我想陈述几个不同的信息来源：流行病学家的研究；发展心理学家的研究；在家庭治疗过程中的观察；我从自己治疗过的病人以及我所督导过的分析师身上学到的东西。

早期经历对移情关系的影响

在治疗过程中，病人常常会感到十分焦虑，害怕分析师拒绝、责备和贬低自己。因为我们知道，有太多的孩子受到父母双方或一方如此对待，所以我们有理由相信这种情况是病人的过去经验所导致的。如果病人能够意识到自己的感受以及自己希望分析师如何对待自己，那么分析师就会指出病人已经觉察到了自己的问题所在。分析师什么时候能将病人对自己的期待和他们与父母在一起的经历联系起来，取决于病人会考虑这种可能性，还是会坚信父母对待自己的方式是无可指责的。如果后一种现象出现了，那就要优先考虑在有证据显示其是错误的情况下，病人为何要坚持内心的美好图景。

在某些家庭中往往会发生这样的事情：父母一方坚信自己是一位极好的父亲或母亲，总是尽可能地为孩子做一切事情，以致当双方出现摩擦时，错误总是被归到孩子身上。父母的这种态度掩盖了自己的不良行为。然而，由于父母坚持说自己给予了孩子足够多的情感支持，孩子却仍旧我行我素、不知感恩，因此孩子别无选择，虽然感觉这种说法有失公允，但也只能接受。

还有一种情况是：当病人还是个孩子时，他们就被父母告诫，绝对不能向任何人谈论家里的事情。这些事情通常是指争吵。父母也意识到这种行为会受到公开的指责。在父母双方或孩子和父母争吵的过程中，一方常常会对另一方做出一些可怕的事情。治疗师越是坚持让病人讲述所有的事情，病人就越是感到痛苦。保持沉默的禁令在家庭中很常见，但是过去往往被认为是阻抗的来源，以致受到忽视。所以，分析师了解病人是否可能处于这样的压力之下通常是有用的，可以帮助病人摆脱困境。

在我们已经考量过的一些个案中，病人或多或少可以觉察到自己对被拒绝、批判或贬低的期待。但是，除非病人能够对分析师产生信任，否则他们通常意识不到自己的这些感受。有证据表明，这些心理状态通常发生在那些在生命早期已经形成了回避型依恋模式的个体身上。从生命早期开始，他们已经表现出情绪的自足以及同他人亲密接触的隔离。这些病人，通常被认为是自恋的或者有一个假性自体。他们会尽量回避治疗，即使治疗已经开始，他们也会与治疗师保持一定距离。有些病人会滔滔不绝地讲述与情感生活无关的事情，还有的会说没什么好讲的。在一次治疗中，一个对我极为不信任的年轻女性总是在吹嘘自己的不良行为。我猜测这些行为很多都是虚构的。在她看来，我的生活我枯燥乏味，十分狭隘。她对此嗤之以鼻。我认为治疗这种具有深度不信任感的病人的难度堪比斯蒂芬（Stephen，1934）尝试与腼腆、胆怯的小马驹交朋友的难度。二者都需要一个安静、友好、宽容的环境。只有当分析师意识到这种持续的拒绝可能源于病人在童年时期寻求安慰和帮助被拒绝的经历，并且意识到病人对某些事情的恐惧可能与分析师相关的时候，他们才真正做到了站在病人的立场看问题。

病人非常谨慎地与分析师接触的另一个主要原因是病人害怕分析师将其带入一种关系中是出于满足自己的需要。恐惧的共同根源是病人在童年期时，父母——往往是母亲——试图将孩子变成自己的依恋对象和照顾者，也就是关系发生了逆转。关系的逆转通常会在不知不觉中发生，而且在旁人看来就好像父母在溺爱孩子，但实际上只是为了让孩子处于照顾者的位置。

通常情况下，这类病人会在治疗中用父母对待自己的方式来对待分析师。比如，在童年时受过父母带有敌意的威胁的病人可能会用充满敌意的威胁来对待分析师。被父母蔑视的经历可能会以病人对分析师的蔑视的形式重现。父母的性企图可能再现为病人对分析师的性企图。我们可以这样来理解这些行为：在童年时期，个体学会了两种主要的行为模式——一种行为模式是自己与父母的互动，另一种行为模式是父母与自己的互动——并在脑海中建立了两种相应的工作模型。因此，无论何时分析师对病人对待自己的方式感到困惑或厌恶，去探寻病人可能在何时、从谁那里学会了对待他人的方式都是非常明智的。这多半源于父母中的一方。[①]

分析师与一些病人的治疗关系总是充满了焦虑、怀疑和批判，有时是愤怒和藐视。这些病人在治疗期间不时的缺席显然说明他们并没有对分析师的努力表示感激或者对分析师的能力表示钦佩。分析师接下来的任务就是帮助病人理解他们现在的愤恨源于自己过去遭受的不良对待，虽然他们的愤怒情有可原，但持续地与过去对抗毫无价值。接纳一个无法改变的不快乐的过去，往往是一剂苦口良药。

在其他病人身上，情况可能会不一样。他们能够轻易地表达自己对分析师的感激、欣赏和爱。在他们看来，分析师是完美的，指责分析师、对分析师表达不满和愤怒，这是难以想象的。我认为，病人对分析师的理想化部分源于他们对分析师能够提供以及愿意提供什么的不切实际的希望和期待，另一部分源于父母在他们小的时候通过引发他们的内疚、威胁他们将会失去自己的爱或者会抛弃他们，来禁止他们表达不满。因此在治疗中，病人潜意识中会有一个假设，那就是分析师会像父母一样采用某些方式迫使他们顺从。

不幸的是，这里所说的观点——父母对待孩子的某种不

① 在传统理论中，病人角色的这一转换可能被称为“向攻击者认同”。

良方式是孩子出现心理疾病的主要原因——受到了抨击，因为它被认为带有一种指责父母的倾向。但是，儿童精神病学以及家庭治疗领域的工作者不会犯这样的错误。相反，大家普遍认为，父母对待孩子的不良行为多半是自己痛苦的童年生活的产物。事实上，分析师花了很多精力去帮助父母逃避童年的不利影响。

此外，在治疗中，尽管分析师相信病人的说辞，但是不会做道德评判。相反，只要有机会，分析师就会引导病人思考，父母为什么会做出某些行为。在这样做的时候，分析师告知病人自己知道的关于病人父母的童年经历是非常有帮助的。这可以很好地引导病人理解事情发展的脉络，然后学会宽容、和父母达成和解。在家庭治疗中，鼓励父母一方诉说自己的童年是非常有价值的。这可以帮助所有在场的人了解家庭生活如何以及为什么这样发展，每个人又可以做些什么来改善现状。如上文所述，依恋问题在代际间的传递——通过父母源自童年的、尚未得到解决的关系问题对养育行为的影响实现——最终得到了研究者应有的关注。

一些病理性情境和童年事件

我认为，分析师对某些家庭中出现的扭曲关系以及其他家庭中发生的可怕事情了解得再多都不为过，因为只有这样，他们才会清楚地了解病人的防御背后是什么，以及病人的愤怒、焦虑、内疚的根源。他们将能够理解发生在病人身上的事情的本质，以及病人可能曾经暴露于其中却无法也不愿提及的某种情境。在列举的以下情境中，我仅仅指出了一些常见的、近来在心理治疗文献中受到忽视的情境。①

将威胁"不再爱孩子"用作一种控制孩子的方式

当孩子一再出现某一行为时，母亲很容易就说出"不再爱孩子"这样的话。这句话的意思是当孩子感到不安、恐惧和痛苦的时候，母亲会威胁在其他时候不再给予爱抚，或者不再给予帮助和鼓励。如果这些威胁成为父母一方或双方的惯用伎俩，孩子长大后就会常常感到焦虑，而且容易内疚。

威胁要抛弃孩子

威胁要抛弃孩子在一定程度上比威胁不再爱孩子更使孩子感到恐惧，尤其当父母通过消失几个小时，把孩子的行李箱打包，让孩子站在街上，对家人说这个孩子的不好等方式来做出

① 因为在之前的出版物中，我对有关丧失、长期分离对人格发展的不利影响给予了许多的关注，因此以下的内容会省略这些主题。

这种威胁时。因为父母常常采取极为特殊的方式来表达这种威胁，病人可能会否认他们曾遭受过如此对待。在这种情况下，只有当父母表达威胁的特殊方式被病人回忆起时，伴随强烈情绪的事实才有可能浮出水面。例如，有一位母亲威胁孩子说，一辆黄色的货车会驶过来把他带走。另一位父亲则威胁他的女儿说，她会被送到一所由鲨鱼包围，建在偏远岩石上的学校里（Marrone，1984）。在第一个案例中，母亲只要说“好吧，黄色货车要来了”，在第二个案例中，父亲只要说“好吧，去岩石学校吧”，孩子就会马上停止正在做的任何事情。在第三个案例中，停止孩子行为的暗语是“人造奶油”，因为母亲会威胁儿子说要把他送到一个不得不吃“人造奶油”的儿童之家里。对这些病人来说，他们未能回忆起“威胁抛弃”这个共同的短语。只有当原始恐惧再次被体验、分离焦虑再次发生时，暗语才会被揭露出来。

威胁自杀

有时候，当一些痛苦的情境持续时，悲痛欲绝的父母一方会威胁另一方说，自己要自杀。孩子可能会偷听到这种威胁，或者当面听到这种威胁。无论如何，这样的威胁会带来恐惧。我们可以从这些案例中学到的是，无论何时病人谈论父母吵架，分析师都应该询问病人：“他们对彼此说了什么？”通常病人会卡在那里。在突然脾气爆发时，父母可能会说些一些令人惊愕的话。这已经够糟糕了，更糟糕的是，当他们冷静后，他们却否认自己说过那些话。

免责声明和不确认

我们在第六章中已经对否认自己说过的话和做过的事情，否认孩子已经听到和看到的事情的相关例子进行了详细解释，并且说明了其对人格发展的消极影响。治疗期间，某些家庭片段是否出现，病人是否对描述这些片段感到内疚具有极大的不确定性。分析师要允许病人探索各种可能性（无论是父母好的一面还是不好的一面），鼓励病人去评估有效的证据，同时治疗师也要对事情的真相保持一种开放的心态。

因此，在这一部分的阐述中，我没有考虑我们可以在多大程度上相信病人的报告的有效性。记忆有时候会不可靠。有经验的分析师会根据不同的场合恰当地质疑病人所言是否属实。那么我们评判的标准是什么呢？

首先，除非病人给出在特殊情境下自己受到父母怎样对待的具体例子，否则有关自己父母以及自己接受的养育方式的说辞皆不可信。比如在具体例子面前，病人口中的了不起的、非常优秀的母亲很可能完全不是这个样子的。病人不仅要给出关于父母如何对待自己的正面例子，还要给出略显负面的例子，比如偶尔的批评。这样的父母形象才是完整的。同样地，病人描述的糟糕透顶的父母形象也值得怀疑。病人常常会以偏概全，非黑即白，在描述父母时缺少细节的佐证，或者给出的细节与描述的父母形象不符。相比之下，当病人给出了大量前后一致的细节，并且符合我们从其他来源了解到的事实，也符合困扰病人的问题的可能来源时，那么即使某些地方仍有疑问，我们也不该怀疑病人所述内容的整体效度。

病人不一致的说辞通常源于外在的压力。比如一位父亲或母亲可能会要求孩子站在自己一边，一起对抗另一方。或者，有许多不足的父母让孩子相信自己是无可挑剔的。

当有理由怀疑病人是一个病理性的说谎者时，分析师是有权利来质疑病人的故事的。这种情况比较罕见，因此很久以来都没有被察觉。但是，随着病人讲述的故事前后越来越不一致，故事的真实性迟早都会令人心生怀疑。

除了这些异常情况，我认为病人的陈述是完全可信的。分析师应当接受这些陈述，并把它们看作接近事实[①]的事实。经常

① 然而，对于研究目的来说，接受追溯性信息的有效性标准必须更为严格。

质疑病人故事的真实性的分析师只需一点蛛丝马迹，借助自己的想象或幻想，就会走向共情的对立面。这会传递给病人一种讯息——分析师不了解自己，也可能会使病人确信分析师会像父母那样对待自己。因此，一些父母坚持不让孩子讲述自己感到羞耻的事情，可能还会告诉孩子，即使他们讲了，别人也不会相信他们。

下面列出了一些病人在童年时期可能会遇到的不良事件和情形，分析师应该牢记于心：

孩子可能从来没有感受到父母一方或双方需要自己；

孩子可能因为自己的性别在家里不受重视，父母可能会偏爱其他男孩或女孩；

孩子可能做了家庭的替罪羊，有时候依据某些理由，孩子在父母眼中成了酿成家庭悲剧的罪魁祸首；

父母可能会用让孩子产生内疚的方式控制孩子，比如，经常告诉孩子妈妈生病是因为他做出了某些行为；

父母可能使孩子成为自己的依恋对象，阻碍孩子探索外面的世界，让孩子逐渐相信自己无法独立；

孩子在家庭中扮演不寻常的角色可能是由于他认可的父亲并不是他的亲生父亲；

孩子在家庭中扮演不寻常角色的另一个原因是，父母一方将孩子认同为自己的一位亲人，通常是孩子的祖父母或外祖父母中的一位，这个亲人可能和父母的关系十分紧张，父母在孩子身上重现了这种关系；

孩子可能是父母一方或养父母施以身体虐待的目标；

孩子可能受到过来自父母一方、养父母或兄长短期或长期的性虐待。

考虑到很多人没有意识到这些情境会对孩子的人格发展产生怎样的影响，我们在186页给出了一些参考文献。

由于暴露在以上这些情境中，个体在生命最初两三年中发生的事件，要么从未进入他的记忆，要么永无法被唤起。最好的情况是分析师能够在移情以及病人提供的童年经历的基础上，结合自己所学的关于人格发展的知识，对这些事件的本质做出推断。通过这样做，分析师可以对家庭之于人格发展的影响产生更多的了解。

分析师的立场

提到治疗原则，分析师们大都耳熟能详。这里我们把治疗同盟称为安全基地，把内在客体称为关于依恋对象的工作或表征模型，把重构称为探索过去的记忆，把阻抗（有时候）看作不愿意违背父母过去制定的禁止言说和记忆某些事情的命令。关于分析师的主要任务，我强调的是陪伴病人进行自我探索的方面，而非向病人做出解释。某些传统的分析师可能会站在这样一种立场——“我知道，我来告诉你”，而我所提倡的立场是“你知道，你来告诉我”。因此，我们要鼓励病人相信，在分析师的一定支持和偶尔指导下，他们可以亲自找出自己的思维、感受以及行为背后的模式，并且通过探索他们与父母或父母替代者在一起时的早期经历的本质，他们会理解是什么使得自己建立了某种不当的模型，从而能够重构这一模型。幸运的是，人类的心灵，就像人类的骨骼一样，有着自我疗愈的倾向。分析师如同整形医生一样，可以为病人提供自我疗愈的最好促发条件。

有研究者近期详细阐述了采取适度的、试探性的方式的特殊价值，代表人物是彼得弗洛恩德（Peterfreund，1983）和凯斯门特（Casement，1985）。

在之前的描述中，治疗师的角色被比作一位为自己的孩子提供向外探索的安全基地的母亲。这意味着，最重要的是，分析师要接纳和尊重病人的一切，将病人视为一个处于困境中的他人。他们的主要任务是通过各种方式来提高病人的幸福感。

最后，分析师还要努力做到值得病人信赖、关注病人的需求、与病人适时共情，鼓励病人探索自己当下及过去的想法、感受和行为。鼓励病人发挥主动性绝不意味着分析师是被动的。一方面，分析师要试图做到关注病人的需求并敏感地回应病人。另一方面，他们还要识别出需要自己发挥主动性的时刻。比如，当病人把时间浪费在随意讲述除自身感受和想法之外的事情上时，分析师就有必要把病人的注意力引到他们所回避的地方，引到他们不相信分析师可以帮到自己，不相信自己具有保持自信的能力上来。还有一类病人可能非常愿意去探索童年的记忆，在许多情况下，分析师能够有效地询问他们尚未谈及的有关童年经历的细节，并提出疑问，但这似乎是根据病人所描述的以及病人所遭受的某种特定问题而得出的可能原因。所以，在治疗过程中，分析师还需要谨记，病人可能仍然受到父母的禁令——不去了解他们本不该知道的有关事件，不去感受他们本不该产生的感受——的强烈影响。

治疗的中断似乎总会激发病人的某种反应。有时他们的反应是意识层面的，表现为公然抱怨或愤怒地抵抗，有时是潜意识层面的，表现为贬低治疗、在治疗中断之前错过一到两次治疗。分析师如何评估和反馈这些反应将反映出他的理论立场。采用依恋理论的分析师会尊重——这种尊重隐含在他们所说或所做的任何事情之中——病人面对分离时的痛苦或愤怒，将其视为个体对他人产生依恋的本能反应。同时，分析师还要关注病人的反应形式。分析师应该与病人开诚布公地交流，通过告知病人在治疗中断时如何沟通，来缓解其痛苦。此外，分析师还要关注病人如何理解这种中断，以及病人是否曲解了这种中断，并尝试发现这一曲解是如何产生的。比如，如果病人非常担心分析师不会回来了，那么病人就有曾经受到父母抛弃自己的威胁的可能性，双方可能需要在治疗中就此做进一步的探索。在一些案例中，还有一种中断是由于分析师生病引起的。当这种情况发生时，分析师要格外注意的是，病人可能会觉得自己说的或做的某些事情要对此负责任。分析师要做的是探究病人父母的一方是否曾经为了控制病人，声称病人的某些表现是导致自己生病的原因。

类似地，如果病人通过贬低治疗或不来咨询的方式中断治疗，采用依恋理论的分析师就会问自己，为什么病人害怕开放地表达自己的感受，病人的哪些童年经历导致了他的不信任。

以上分析师对病人中断治疗的反应可能同那些采用其他传统理论观点的分析师存在差异。比如，有些分析师可能会认为病人的反应太孩子气，甚至像婴儿，将其看作病人固着在口欲期或共生期的表现。分析师所说的话，尤其是说话的方式可能会被病人理解为对自己当前的感受缺乏尊重的表现。当分析师像病人的父母那样，以一种冷漠的方式回应病人时，就很容易招致病人对治疗的抵抗。

治疗中断期间，治疗师在多大程度上能够满足病人对于保持交流的欲望，如通过电话对病人的痛苦情绪给予安抚，取决于治疗关系中的很多个人因素。分析师有时可能会对病人的痛苦缺乏共情，有时可能给予病人“太多”。在有些情形下，不允许一位身处痛苦中的病人和分析师进行某些形式的身体接触似乎很不人性化。但是，身体接触会有引发性欲的危险，尤其当分析师和病人性别不同时。分析师要视情况而定，要坚持自己的原则。对这些事件越敏感，分析师就越能够避免落入圈套之中。

情感交流和工作模型的重构

当分析师采取上文提倡的技术时，治疗可能会陷入一种僵死状态。病人会无休止地描述自己童年时的艰难，讲述父母如何虐待自己。我猜想，病人这样做的原因可能是病人相信分析师还没有接受自己讲述的事实。这可能是由于病人在过去对他人讲述这些事情时遭到了嘲笑，或者分析师在治疗中流露出了怀疑和不信任。

显然，当问题出在分析师身上时，解决的方法是：分析师要明确地对病人说明，他完全了解在病人身上发生的那些事情，他没有理由怀疑病人的陈述。这样做了之后，僵局可能还会继续，病人会以一种平淡的方式，不带任何感受地再次讲述他的故事。

弗莱伯格在帮助那些可能会忽视或虐待自己孩子的母亲时，曾经和同事们讨论过这种情况（Fraiberg，Adelson & Shapiro，1975）。他们描述了去两位这样的母亲家里拜访，并聆听她们的悲惨故事的经历。这两位母亲都讲述了童年时期的残酷经历：遭受暴力殴打，寒冷的冬天被关在门外，经常被母亲遗弃，被从一个地方带到另一个地方，没有人可以给她们帮助或安慰。没有一位母亲能够讲述她们可能会如何感受，也说不出她们可能想要做什么。一位不敢碰或抱自己孩子（孩子在无助地哭泣）的16岁母亲总是说："但是谈话有什么用？我总是把事情藏在自己的心里。我想忘掉。我不想去想那些事情。"这就是分析师需要干预的地方。分析师要让她去表达在那样的情境中每个孩子都会有的感受：感到恐惧、愤怒和无助，渴望有一个人理解自己，给自己安慰和保护。分析师不仅要表达对病人的感受的理解，而且要让病人知道，表达此类情感和欲望可以得到积极回应，得到同情和安抚。如此，她才能够表达所有的悲伤，“作为一个被遗弃的孩子的痛苦”。

在讲到弗莱伯格的方法——帮助病人表达不敢表达的情绪时，我特意强调了情绪和行为之间的关联。无法表达情绪主要是因为潜意识中的恐惧，害怕带有情绪的行为会导致令人恐惧的后果。在许多家庭中，孩子对成年人表达愤怒会受到惩罚，有时是非常严重的惩罚。如果孩子泪眼汪汪地寻求成年人的安慰和帮助，那么就会遭到拒绝和嘲笑。许多临床工作者常常会忘记，当孩子因感到痛苦而寻求安抚的时候，他们可能会被父母视为一个难以忍受的小婴儿而被赶走。父母非但没有给予他们安慰，反而还会断然拒绝他们。如果孩子在童年时期经常遭受这种对待，那么他们就会学会不再表达痛苦或寻求帮助。在治疗中，他们往往会假设分析师也会像父母一样对待自己。

每一位从精神分析视角看问题的分析师都一致认为，为了使治疗更加有效，病人不仅需要讨论自己的记忆、想法、梦、希望和欲望，而且需要表达自己的感受。我认为，我们在此讨论弗莱伯格帮助一位愤世嫉俗、冷漠的年轻母亲发现自己压抑的情绪并自由地表达出来，是很有必要的。

在撰写本文时，我担心使用“信息”“交流”“工作模型”等术语容易被一些轻率的读者认为，这些术语是只关心认知、不关心情绪和行为的心理学才会用的术语。虽然长期以来，认知心理学家都不太重视研究情绪，但是这种状况现在已经有所改善（Hinde，Perret-Clermont & Stevenson-Hinde，1985）。事实上，没有什么比两个人之间的情感交流更重要，对彼此的感受更是构建关于自我和他人的工作模型的重要素材。在生命早期，情绪沟通确实是我们唯一的沟通方式，因此我们在构建关于自我和依恋对象的工作模型时必然会从中取材。因此，在治疗中回顾病人的依恋关系、帮助他们重构工作模型时，分析师与病人之间的情感交流发挥着重要作用。

参考文献

Adams-Tucker, C. (1982) 'Proximate effects of sexual abuse in childhood: a report on 28 children', *American Journal of Psychiatry*, 139: 1252–6.

Ainsworth, M.D. (1962) 'The effects of maternal deprivation: a review of findings and controversy in the context of research strategy' in: *Deprivation of maternal care: a reassessment of its effects*, Public Health Papers no. 14, Geneva: World Health Organisation.

Ainsworth, M.D. (1963) 'The development of infant-mother interaction among the Ganda' in B. M. Foss (ed.) *Determinants of infant behaviour*, vol. 2, London: Methuen; New York: Wiley.

Ainsworth, M.D.S. (1967) *Infancy in Uganda: infant care and the growth of attachment*, Baltimore: Johns Hopkins University Press.

Ainsworth, M.D.S. (1969) 'Object relations, dependency and attachment: a theoretical review of the infant-mother relationship', *Child Development*, 40: 969–1025.

Ainsworth, M.D.S. (1977) 'Social development in the first year of life: maternal influences on infant-mother attachment' in J.M. Tanner (ed.) *Developments in psychiatric research*, London: Tavistock.

Ainsworth, M.D.S. (1982) 'Attachment: retrospect and prospect' in C.M. Parkes and J. Stevenson-Hinde (eds) *The place of attachment in human behavior*, 3–30, New York: Basic Books; London: Tavistock.

Ainsworth, M.D.S. (1985) 'I Patterns of infant-mother attachment: antecedents and effects on development' and 'II Attachments across the life-span', *Bulletin of New York Academy of Medicine*, 61: 771–91 and 791–812.

Ainsworth, M.D.S. and Wittig, B.A. (1969) 'Attachment and exploratory behaviour of one-year-olds in a strange situation' in B.M. Foss (ed.) *Determinants of infant behaviour*, vol. 4, London: Methuen; New York: Barnes & Noble.

Ainsworth, M.D.S., Bell, S.M., and Stayton, D.J. (1971) 'Individual differences in strange situation behavior of one-year-olds' in H.R. Schaffer (ed.) *The origins of human social relations*, 17–57, London: Academic Press.

Ainsworth, M.D., Blehar, M.C., Waters, E., and Wall, S. (1978) *Patterns of attachment: assessed in the strange situation and at home*, Hillsdale, NJ: Lawrence Erlbaum.

Anderson, J.W. (1972) 'Attachment behaviour out of doors' in N. Blurton Jones (ed). *Ethological studies of child behaviour*, Cambridge: Cambridge University Press.

Arend, R., Gove, F.L., and Sroufe, L.A. (1979) 'Continuity of individual adaptation from infancy to kindergarten: a predictive study of ego-resiliency and curiosity in preschoolers', *Child Development*, 50: 950–9.

Baldwin, J. (1977) 'Child abuse: epidemiology and prevention' in *Epidemiological approaches in child psychiatry*, 55–106, London: Academic Press.

Ballou, J. (1978) 'The significance of reconciliative themes in the psychology of pregnancy', *Bulletin of the Menninger Clinic*, 42: 383–413.

Bender, L. (1947) 'Psychopathic behaviour disorders in children' in R.M. Lindner and R.V. Seliger (eds) *Handbook of correctional psychology*, New York: Philosophical Library.

Bender, L. and Yarnell, H. (1941) 'An observation nursery', *American Journal of Psychiatry*, 97: 1158–74.

Blehar, M.C., Lieberman, A.F., and Ainsworth, M.D.S. (1977) 'Early face-to-face interaction and its relations to later infant-mother attachment', *Child Development*, 48: 182–94.

Blight, J.G. (1981) 'Must psychoanalysis retreat to hermeneutics?', *Psychoanalysis and Contemporary Thought*, 4: 147–205.

Bliss, E.L. (1980) 'Multiple personalities: report of 14 cases with implications for schizophrenia and hysteria', *Archives of General Psychiatry*, 37: 1388–97.

Bliss, E.L. (1986) *Multiple personality, allied disorders and hypnosis*, Oxford: Oxford University Press.

Bloch, D. (1978) '*So the witch won't eat me*', Boston: Houghton Mifflin.

Bowlby, J. (1940) 'The influence of early environment in the development of neurosis and neurotic character', *International Journal of Psycho-Analysis*, 21: 154–78.

Bowlby, J. (1944) 'Forty-four juvenile thieves: their characters and home life', *International Journal of Psycho-Analysis*, 25: 19–52 and 107–27.

Bowlby, J. (1951) *Maternal care and mental health*, Geneva: World Health Organisation; London: Her Majesty's Stationery Office; New York:

Columbia University Press; abridged version: *Child Care and the Growth of Love* (second edn, 1965) Harmondsworth: Penguin.

Bowlby, J. (1958) The nature of the child's tie to his mother, *International Journal of Psycho-Analysis*, 39: 350–73.

Bowlby, J. (1960) 'Grief and mourning in infancy and early childhood', *The Psychoanalytic Study of the Child*, 15: 9–52.

Bowlby, J. (1961) 'Processes of mourning', *International Journal of Psycho-Analysis*, 42: 317–40.

Bowlby, J. (1969) *Attachment*, vol. 1 of *Attachment and loss* (2nd edition 1982), London: Hogarth Press; New York: Basic Books; Harmondsworth: Penguin (1971).

Bowlby, J. (1973) *Separation: anxiety and anger*, vol. 2 of *Attachment and loss*, London: Hogarth Press; New York: Basic Books; Harmondsworth: Penguin (1975).

Bowlby, J. (1977) 'The making and breaking of affectional bonds', *British Journal of Psychiatry*, 130: 201–10 and 421–31; reprinted 1979, New York: Methuen Inc.; London: Tavistock.

Bowlby, J. (1980) *Loss: sadness and depression*, vol. 3 of *Attachment and loss*, London: Hogarth Press; New York: Basic Books; Harmondsworth: Penguin (1981).

Bowlby, J. (1981) 'Psychoanalysis as a natural science', *International Review of Psycho-Analysis*, 8: 243–56.

Bowlby, J. (1982) *Attachment*, 2nd edition of vol. 1 of *Attachment and loss* London: Hogarth Press.

Brazelton, T.B., Koslowski, B., and Main, M. (1974) 'The origins of reciprocity in mother-infant interaction' in M. Lewis and L.A. Rosenblum (eds) *The Effect of the Infant on its Caregiver*, 49–76, New York; Wiley-Interscience.

Bretherton, I. (1987) 'New perspectives on attachment relations in infancy: security, communication and internal working models' in J.D. Osofsky, (ed.) *Handbook of infant development* (2nd edition), 1061–100, New York: Wiley.

Brown, G.W. and Harris, T. (1978) *The social origins of depression*, London: Tavistock.

Burlingham, D. and Freud, A. (1942) *Young children in war-time London*, London: Allen & Unwin.

Burlingham, D. and Freud, A. (1944) *Infants without families*, London: Allen & Unwin.

Burnham, D.L. (1965) 'Separation anxiety', *Archives of General Psychiatry*, 13: 346–58.

Cain, A.C. and Fast, I. (1972) 'Children's disturbed reactions to parent suicide' in A.C. Cain (ed.) *Survivors of suicide*, Springfield, Illinois: C.C. Thomas.

Casement, P. (1985) *On learning from the patient*, London: Tavistock.

Cassidy, J. and Kobak, R. (1988) 'Avoidance and its relation to other defensive processes' in J. Belsky and T. Nezworski (eds) *Clinical Implications of Attachment*, Hillsdale, NJ: Lawrence Erlbaum.

Cater, J.I. and Easton, P.M. (1980) 'Separation and other stress in child abuse', *Lancet*, 1 (3 May 1980): 972.

Clarke-Stewart, K.A. (1978) 'And daddy makes three: the father's impact on mother and young child', *Child Development*, 49: 466–78.

Collis, G.M. and Schaffer, H.R. (1975) 'Synchronization of visual attention in mother-infant pairs', *Journal of Child Psychology and Psychiatry*, 16: 315–20.

Crittenden, P. (1985) 'Maltreated infants: vulnerability and resilience', *Journal of Child Psychology and Psychiatry* 26: 85–96.

DeLozier, P.P. (1982) 'Attachment theory and child abuse' in C.M. Parkes and J. Stevenson-Hinde *The place of attachment in human behavior*, 95–117, New York: Basic Books; London: Tavistock.

Deutsch, H. (1937) 'Absence of grief', *Psychoanalytic Quarterly*, 6: 12–22.

Dixon, N.F. (1971) *Subliminal perception: the nature of a controversy*, London: McGraw-Hill.

Dixon, N.F. (1981) *Preconscious processing*, Chichester and New York: Wiley.

Efron, A. (1977) 'Freud's self-analysis and the nature of psycho-analytic critism', *International Review of Psycho-analysis*, 4: 253–80.

Emde, R.N. (1983) 'The prerepresentational self and its affective core', *The Psychoanalytic Study of the Child*, 38: 165–92.

Epstein, S. (1980) 'The self-concept: a review of the proposal of an integrated theory of personality' in E. Staub (ed.) *Personality: basic issues and current research*, Englewood Cliffs, NJ: Prentice Hall.

Epstein, S. (1986) 'Implications of cognitive self-theory for psychopathology and psychotherapy' in N. Cheshire and H. Thoma (eds) *Self-esteem and Psychotherapy*, New York: Wiley.

Erdelyi, M.H. (1974) 'A new look at the New Look: perceptual defense and vigilance', *Psychological Review*, 81: 1–25.

Fairbairn, W.R.D. (1940) 'Schizoid factors in the personality' in *Psychoanalytic studies of the Personality*, 3–27, London: Tavistock (1952); New York: Basic Books (1952).

Farrington, D.P. (1978) 'The family backgrounds of aggressive youths' in L. Hersov and M. Berger (eds) *Aggression and anti-social behaviour in*

children and adolescents, 73–93, Oxford and New York: Pergamon Press.
Feinstein, H.M., Paul, N., and Pettison, E. (1964) 'Group therapy for mothers with infanticidal impulses', *American Journal of Psychiatry*, 120: 882–6.
Fraiberg, S., Adelson, E., and Shapiro, V. (1975) 'Ghosts in the nursery: a psychoanalytic approach to the problems of impaired infant-mother relationships', *Journal of the American Academy of Child Psychiatry*, 14: 387–421.
Freud, S. (1909) 'Analysis of a phobia in a five-year-old boy', *Standard Edition 10*, 5–149, London: Hogarth Press.
Freud, S. (1914) 'Remembering, repeating and working through', *SE* 12, 147–56, London: Hogarth Press.
Freud, S. (1917) *Introductory lectures on psycho-analysis Part III*, *SE* 16, 243–476, London: Hogarth Press.
Freud, S. (1918) 'From the history of an infantile neurosis', *SE* 17, 7–122, London: Hogarth Press.
Freud, S. (1925) 'An autobiographical study', *SE* 20, 7–70, London: Hogarth Press.
Freud, S. (1926) *Inhibitions, symptoms and anxiety*, *SE* 20, 87–174, London: Hogarth Press.
Freud, S. (1937) 'Constructions in analysis', *SE* 23, 257–69, London: Hogarth Press.
Freud, S. (1939) 'Moses and monotheism', *SE* 23, 7–137, London: Hogarth Press.
Freud, S. (1940) 'An outline of psycho-analysis', *SE* 23, 144–207, London: Hogarth Press.
Freud, S. (1950) 'Project for a scientific psychology', *SE1*, 295–397, London: Hogarth Press.
Frodi, A.M. and Lamb, M.E. (1980) 'Child abusers' responses to infant smiles and cries', *Child Development*, 51: 238–41.
Frommer, E.A. and O'Shea, G. (1973) 'Antenatal identification of women liable to have problems in managing their infants', *British Journal of Psychiatry*, 123, 149–56.
Furman, E. (1974) *A child's parent dies*, New Haven and London: Yale University Press.
Gaensbauer, T.J. and Sands, K. (1979) 'Distorted affective communications in abused/neglected infants and their potential impact on caretakers', *Journal of the American Academy of Child Psychiatry*, 18: 236–50.

Gayford, J.J. (1975) 'Wife-battering; a preliminary survey of 100 cases', *British Medical Journal*, vol. 1, 194–7, no. 5951.

Gedo, J.E. (1979) *Beyond interpretation: toward a revised theory for psychoanalysis*, New York: International Universities Press.

George, C. and Main, M. (1979) 'Social interactions of young abused children: approach, avoidance and aggression', *Child Development*, 50: 306–18.

Gill, H.S. (1970) 'Parental influences in a child's capacity to perceive sexual themes', *Family Process* 9: 41–50; reprinted in R. Gosling (ed.) *Support, innovation and autonomy*, 113–24, London: Tavistock (1973).

Goldfarb, W. (1943a) 'Infant rearing and problem behaviour', *American Journal of Orthopsychiatry*, 13: 249–65.

Goldfarb, W. (1943b) 'The effect of early institutional care on adolescent personality', *Child Development*, 14: 213–23.

Goldfarb, W. (1943c) 'The effects of early institutional care on adolescent personality', *Journal of Experimental Education*, 12: 106–29.

Goldfarb, W. (1955) 'Emotional and intellectual consequences of psychologic deprivation in infancy: a revaluation' in P.H. Hoch and J. Zubin (eds) *Psychopathology of Childhood*, New York: Grune & Stratton.

Green, A.H., Gaines, R.W., and Sandgrun, A. (1974) 'Child abuse: pathological syndrome of family interaction', *American Journal of Psychiatry*, 131, 882–6.

Grinker, R.R. (1962) ' "Mentally healthy" young males (homoclites)', *Archives of General Psychiatry*, 6: 405–53.

Grossmann, K.E., Grossmann, K., and Schwan, A. (1986) 'Capturing the wider view of attachment: a reanalysis of Ainsworth's strange situation' in C.E. Izard and P.B. Read (eds) *Measuring emotions in infants and children*, vol. 2, New York: Cambridge University Press.

Guidano, V.F. and Liotti, G. (1983) *Cognitive processes and emotional disorders*, New York: Guilford Press.

Guntrip, H. (1975) 'My experience of analysis with Fairbairn and Winnicott', *International Review of Psycho-Analysis*, 2: 145–56.

Hall, F., Pawlby, S.J. and Wolkind, S. (1979) 'Early life experiences and later mothering behaviour: a study of mothers and their 20-week old babies' in D. Shaffer and J. Dunn (eds) *The first year of life*, 153–74, Chichester and New York: Wiley.

Hansburg, H.G. (1972) *Adolescent separation anxiety: a method for the study of adolescent separation problems*, Springfield, Illinois: C.C. Thomas.

Harlow, H.F. and Harlow, M.K. (1965) 'The affectional systems' in A.M.

Schrier, H.F. Harlow, and F. Stollnitz (eds) *Behaviour of non-human primates*, vol. 2, New York and London: Academic Press.

Harlow, H.F. and Zimmermann, R.R. (1959) 'Affectional responses in the infant monkey', *Science*, 130: 421.

Harris, T.O. (1988) 'Psycho-social vulnerability to depression: the biographical perspective of the Bedford College studies' in S. Henderson (ed.) *Textbook of Social Psychiatry*, Amsterdam: Elsevier.

Harrison, M. (1981) 'Home-start: a voluntary home-visiting scheme for young families', *Child Abuse and Neglect*, 5: 441–7.

Hazan, C. and Shaver, P. (1987) 'Romantic love conceptualised as an attachment process', *Journal of Personality and Social Psychology*, 52: 511–24.

Heinicke, C. (1956) 'Some effects of separating two-year-old children from their parents: a comparative study', *Human Relations*, 9: 105–76.

Heinicke, C. and Westheimer, I. (1966) *Brief separations*, New York: International Universities Press; London: Longman.

Helfer, R.E. and Kempe, C.H. (eds) (1976) *Child abuse and neglect: the family and the community*, Cambridge, Mass.: Ballinger.

Hinde, R.A. (1974) *Biological bases of human social behaviour*, New York and London: McGraw-Hill.

Hinde, R.A., and Spencer-Booth, Y. (1971) 'Effects of brief separation from mother on rhesus monkeys', *Science*, 173: 111–18.

Hinde, R.A., Perret-Clermont, A.-N., and Stevenson-Hinde J. (eds) (1985) *Social relationships and cognitive development*, Oxford: Clarendon Press.

Holt, R.R. (1981) 'The death and transfiguration of metapsychology', *International Review of Psycho-Analysis*, 8: 129–43.

Home, H.J. (1966) 'The concept of mind', *International Journal of Psycho-Analysis*, 47: 43–9.

Hopkins, J. (1984) 'The probable role of trauma in a case of foot and shoe fetishism: aspects of the psychotherapy of a six-year-old girl', *International Review of Psycho-analysis*, 11: 79–91.

Horney, K. (1951) *Neurosis and human growth*, London: Routledge & Kegan Paul.

Horowitz, M., Marmar, C., Krupnick, J., Wilner, N., Kaltreider N., and Wallerstein, R. (1984) *Personality styles and brief psychotherapy*, New York: Basic Books.

Izard, C.E. (ed.) (1982) *Measuring emotions in infants and children*, Cambridge: Cambridge University Press.

Johnson-Laird, P.N. (1983) *Mental models*, Cambridge: Cambridge Uni-

versity Press.
Jones, E. (1957) *Sigmund Freud: life and work*, vol. 3, London: Hogarth Press, New York: Basic Books.
Kaye, H. (1977) 'Infant sucking behaviour and its modification' in L.P. Lipsitt and C.C. Spiker (eds) *Advances in child development and behaviour*, vol. 3, 2–52, London and New York: Academic Press.
Kennell, J.H., Jerrauld, R., Wolfe, H., Chesler, D., Kreger, N.C., McAlpine, W., Steffa, M., and Klaus, M.H. (1974) 'Maternal behaviour one year after early and extended post-partum contact', *Developmental Medicine and Child Neurology*, 16: 172–9.
Kernberg, O. (1975) *Borderline conditions and pathological narcissism*, New York: Jason Aronson.
Kernberg, O. (1980) *Internal world and external reality: object relations theory applied*, New York: Jason Aronson.
Klaus, M.H. and Kennell, J.H. (1982) *Maternal-infant bonding* (2nd edition), St Louis: C.V. Mosby.
Klaus, M.H., Trause, M.A., and Kennell, J.H. (1975) 'Does human maternal behaviour after delivery show a characteristic pattern?' in *Parent-infant interaction, Ciba Foundation Symposium 33 (new series)*: 69–78, Amsterdam: Elsevier.
Klaus, M.H., Kennell, J.H., Robertson, S.S., and Sosa, R. (1986) 'Effects of social support during parturition on maternal and infant morbidity', *British Medical Journal*, 283: 585–7.
Klein, G.S. (1976) *Psychoanalytic theory: an exploration of essentials*, New York: International Universities Press.
Klein, M. (1940) 'Mourning and its relation to manic-depressive states' in *Love, guilt and reparation and other papers, 1921–1946*, 311–38, London: Hogarth (1947); Boston: Seymour Lawrence/Delacorte.
Klein, Milton (1981) 'On Mahler's autistic and symbiotic phases: an exposition and evaluation', *Psychoanalysis and Contemporary Thought*, 4: 69–105.
Kliman, G. (1965) *Psychological emergencies of childhood*, New York: Grune & Stratton.
Kluft, R.P. (ed.) (1985) *Childhood antecedents of multiple personality*, Washington D.C.: American Psychiatric Press.
Kobak, R.R. and Sceery, A. (1988) 'Attachment in late adolescence; working models, affect regulation and representations of self and others'. *Child Development*, 59.
Kohut, H. (1971) *The analysis of the self*, New York: International Universities Press.

Kohut, H. (1977) *The restoration of the self*, New York: International Universities Press.

Kuhn, T.S. (1962) *The structure of scientific revolutions* (2nd edition 1970) Chicago: University of Chicago Press.

Kuhn, T.S. (1974) 'Second thoughts on paradigms' in F. Suppe (ed.) *The structure of scientific theory*, 459–99, Urbana, Illinois: University of Illinois Press.

Lamb, M.E. (1977) 'The development of mother-infant and father-infant attachment in the second year of life', *Developmental Psychology*, 13: 637–48.

Latakos, I. (1974) 'Falsification and the methodology of scientific research programmes' in I. Latakos and A. Musgrave (eds) *Criticism and the growth of knowledge*, London: Cambridge University Press.

Levy, D. (1937) 'Primary affect hunger', *American Journal of Psychiatry*, 94: 643–52.

Lind, E. (1973) 'From false-self to true-self functioning: a case in brief psychotherapy', *British Journal of Medical Psychology*, 46: 381–9.

Liotti, G. (1986) 'Structural cognitive therapy' in W. Dryden and W. Golden (eds) *Cognitive-behavioural approaches to psychotherapy*, 92–128, New York; Harper & Row.

Liotti, G. (1987) 'The resistance to change of cognitive structures: a counterproposal to psychoanalytic metapsychology', *Journal of Cognitive Psychotherapy*, 1: 87–104.

Lorenz, K.Z. (1935) 'Der Kumpan in der Umvelt des Vogels', *J. Orn. Berl.*, 83, English translation in C.H. Schiller (ed.) *Instinctive behaviour*, New York: International Universities Press (1957).

Lynch, M. (1975) 'Ill-health and child abuse', *The Lancet*, 16 August 1975.

Lynch, M.A. and Roberts, J. (1982) *Consequences of child abuse*, London: Academic Press.

Mackey, W.C. (1979) 'Parameters of the adult-male-child bond', *Ethology and Sociobiology* 1: 59–76.

Mahler, M.S. (1971) 'A study of the separation-individuation process and its possible application to borderline phenomena in the psycho-analytic situation', *The psychoanalytic study of the child*, 26: 403–24.

Mahler, M.S., Pine, F., and Bergman, A. (1975) *The psychological birth of the human infant*, New York: Basic Books.

Main, M.B. (1977) 'Analysis of a peculiar form of reunion behaviour in some day-care children: its history and sequelae in children who are home-reared', in R. Webb (ed.) *Social development in childhood: daycare programs and research*, Baltimore: John Hopkins University Press.

Main, M. (1988) 'Parental aversion to physical contact with the infant: stability, consequences and reasons' in T.B. Brazelton and K. Barnard (eds) *Touch* New York: International Universities Press.

Main, M. and Cassidy, J. (1988) 'Categories of response with the parent at age six: predicted from infant attachment classifications and stable over a one month period', *Developmental Psychology*, 24: 415–26.

Main, M. and George, C. (1985) 'Responses of abused and disadvantaged toddlers to distress in age-mates: a study in the day-care setting', *Developmental Psychology*, 21, 407–12.

Main, M. and Hesse, E. (1990) 'Parents' unresolved traumatic experiences are related to infant disorganized attachment: Is frightened and/or frightening parental behaviour the linking mechanism.', in M. Greenberg, D. Cicchetti and M. Cummings (eds) *Attachment in the preschool years*, Chicago: University of Chicago Press.

Main, M. and Solomon, J. (1990) 'Procedure, for identifying infants as disorganized/disoriented during the Ainsworth Strange Situation' in M. Greenberg, D. Cicchetti, and M. Cummings (eds), *Attachment in the preschool years*, Chicago: University of Chicago Press.

Main, M. and Weston, D. (1981) 'Quality of attachment to mother and to father: related to conflict behaviour and the readiness for establishing new relationships', *Child Development*, 52: 932–940.

Main, M., Kaplan, N., and Cassidy, J. (1985) 'Security in infancy, childhood and adulthood: a move to the level of representation' in I. Bretherton and E. Waters (eds) *Growing points in attachment: theory and research*, Monographs of the Society for Research in Child Development Serial 209: 66–104, Chicago: University of Chicago Press.

Malan, D.M. (1973) 'Therapeutic factors in analytically-oriented brief psychotherapy' in: R.H. Gosling (ed.) *Support, Innovation and Autonomy*, 187–209, London: Tavistock.

Malone, C.A. (1966) 'Safety first: comments on the influence of external danger in the lives of children of disorganized families', *American Journal of Orthopsychiatry* 36: 6–12.

Manning, M., Heron, J., and Marshall, T. (1978) 'Styles of hostility and social interactions at nursery, at school and at home: an extended study of children' in L. Hersov and M. Berger (eds) *Aggression and antisocial behaviour in childhood and adolescence*, 29–58, Oxford and New York: Pergamon.

Marris, P. (1958) *Widows and their families*, London: Routledge & Kegan Paul.

Marrone, M. (1984) 'Aspects of transference in group analysis', *Group Analysis*, 17: 179–90.

Marsden, D. and Owens, D. (1975) 'The Jekyll and Hyde marriages', *New Society*, 32: 333–5.

Martin, H.P. and Rodeheffer, M.A. (1980) 'The psychological impact of abuse in children' in G.J. Williams and J. Money (eds) *Traumatic abuse and neglect of children at home*, Baltimore, Maryland: Johns Hopkins University Press.

Matas, L., Arend, R.A., and Sroufe, L.A. (1978) 'Continuity of adaptation in the second year: the relationship between quality of attachment and later competence', *Child Development*, 49: 547–56.

Mattinson, J. and Sinclair, I. (1979) *Mate and stalemate*, Oxford: Blackwell.

Meiselman, K.C. (1978) *Incest—a psychological study of causes and effects with treatment recommendations*, San Francisco: Jossey-Bass.

Melges, F.T. and DeMaso, D.R. (1980) 'Grief resolution therapy: reliving, revising, and revisiting', *American Journal of Psychotherapy*, 34: 51–61.

Miller, A. (1979, English translation 1983) *The drama of the gifted child and the search for the true self*, London: Faber and Faber.

Mintz, T. (1976) 'Contribution to panel report on effects on adults of object loss in the first five years', reported by M. Wolfenstein, *Journal of the American Psychoanalytic Association*, 24, 662–5.

Mitchell, M.C. (in preparation) 'Physical child abuse in a Mexican-American population' in K.E. Pottharst (ed.) *Research explorations in adult attachment*.

Morris, D. (1981) 'Attachment and intimacy' in G. Stricker (ed.) *Intimacy*, New York: Plenum.

Morris, M.G. and Gould, R.W. (1963) 'Role reversal: a necessary concept in dealing with the "Battered child syndrome", *American Journal of Orthopsychiatry*, 32: 298–9.

Newson, J. (1977) 'An intersubjective approach to the systematic description of mother-infant interaction', in H.R. Schaffer (ed.) *Studies in mother-infant interaction*, New York: Academic Press.

Niederland, W.G. (1959a) 'The "miracled-up" world of Schreber's childhood', *The Psychoanalytic Study of the Child*, 14: 383–413.

Niederland, W.G. (1959b) 'Schreber: father and son', *Psycho-Analytic Quarterly*, 28: 151–69.

Norman, D.A. (1976) *Memory and attention: introduction to human information processing* (2nd edition), New York: Wiley.

Offer, D. (1969) *The psychological world of the teenager: a study of normal adolescent boys*, New York: Basic Books.

Palgi, P. (1973) 'The socio-cultural expressions and implications of death, mourning and bereavement arising out of the war situation in Israel' *Israel Annals of Psychiatry*, 11: 301–29.

Parke, R.D. (1979) 'Perspectives on father-infant interaction' in J.D. Osofsky (ed.) *Handbook of infant development*, New York: Wiley.

Parke, R.D. and Collmer, C.W. (1975) 'Child abuse: an interdisciplinary analysis' in E.M. Hetherington (ed.) *Review of Child Development Research*, vol. 5, Chicago: University of Chicago Press.

Parkes, C.M. (1972) *Bereavement: studies of grief in adult life*, London: Tavistock; New York: International Universities Press.

Parkes, C.M. and Stevenson-Hinde, J. (eds) (1982) *The place of attachment in human behavior*, New York: Basic Books; London: Tavistock.

Pedder, J. (1976) 'Attachment and new beginning', *International Review of Psycho-analysis*, 3: 491–7.

Peterfreund, E. (1971) *Information, systems, and psychoanalysis*, Psychological Issues, vol. VII. Monograph 25/26, New York: International Universities Press.

Peterfreund, E. (1978) 'Some critical comments on psychoanalytic conceptualizations of infancy', *International Journal of Psycho-Analysis*, 59: 427–41.

Peterfreund, E. (1983) *The process of psychoanalytic therapy: modes and strategies*, New York: Analytic Press.

Peterson, G.H. and Mehl, L.E. (1978) 'Some determinants of maternal attachment', *American Journal of Psychiatry*, 135: 1168–73.

Pine, F. (1985) *Developmental theory and clinical process*, New Haven: Yale University Press.

Popper, K.R. (1972) *Objective knowledge: an evolutionary approach*, Oxford: Clarendon Press.

Pound, A. (1982) 'Attachment and maternal depression' in C.M. Parkes and J. Stevenson-Hinde (eds) *The place of attachment in human behavior*, 118–130, New York: Basic Books; London: Tavistock.

Pound, A. and Mills, M. (1985) 'A pilot evaluation of Newpin, a home visiting and befriending scheme in South London', *Newsletter of Association for Child Psychology and Psychiatry*, 7, no. 4: 13–15.

Provence, S. and Lipton, R.C. (1962) *Infants in institutions*, New York: International Universities Press.

Radford, M. (1983) 'Psychoanalysis and the science of problem-solving man: an application of Popper's philosophy and a response to Will (1980)', *British Journal of Medical Psychology*, 56: 9–26.

Radke-Yarrow, M., Cummings, E.M., Kuczynski, L., and Chapman, M. (1985) 'Patterns of attachment in two- and three-year olds in normal families and families with parental depression', *Child Development*, 56: 884–93.

Rajecki, D.W., Lamb, M.E., and Obmascher, P. (1978) 'Towards a general theory of infantile attachment: a comparative review of aspects of the social bond', *The Behavioral and Brain Sciences*, 3: 417–64.

Raphael, B. (1977) 'Preventive intervention with the recently bereaved', *Archives of General Psychiatry*, 34: 1450–4.

Raphael, B. (1982) 'The young child and the death of a parent' in C.M. Parkes and J. Stevenson-Hinde (eds) *The place of attachment in human behaviour*, 131–50, New York: Basic Books; London: Tavistock.

Raphael, D. (1966) 'The lactation-suckling process within a matrix of supportive behaviour', dissertation for the degree of PhD submitted to Columbia University.

Ricks, M.H. (1985) 'The social transmission of parental behaviour: attachment across generations' in I. Bretherton and E. Waters (eds) *Growing points in attachment theory and research*, Monograph of the Society for Research in Child Development Serial no. 209, 211–27.

Ricoeur, P. (1970) *Freud and philosophy: an essay in interpretation* (trans: D. Savage), New Haven: Yale University Press.

Ringler, N., Kennell, J.H., Jarvella, R., Navajosky, R.J., and Klaus, M.H. (1975) 'Mother to child speech at two years: the effects of increased postnatal contact', *Journal of Pediatrics*, 86, 141–4.

Robertson, J. (1952) *A two year-old goes to hospital* (film), Ipswich: Concord Films Council; New York: New York University Film Library.

Robertson, J. (1953) 'Some responses of young children to loss of maternal care', *Nursing Times*, 49: 382–6.

Robertson, J. (1958) *Going to hospital with mother* (film) Ipswich: Concord Films Council; New York: New York University Film Library.

Robertson, J. (1970) *Young children in hospital* (2nd edition) London: Tavistock.

Robertson, J. and Bowlby, J. (1952) 'Responses of young children to separation from their mothers', *Courrier Centre Internationale Enfance*, 2: 131–42.

Robson, K.M. and Kumar, R. (1980) 'Delayed onset of maternal affection after childbirth', *British Journal of Psychiatry*, 136: 347–53.

Rosen, V.H. (1955) 'The reconstruction of a traumatic childhood event in a case of derealization', *Journal of the American Psychoanalytic Association*, 3: 211–21; reprinted in A.C. Cain (ed.) (1972) *Survivors of*

suicide, Springfield, Illinois: C.C. Thomas.
Rosenblatt, A.D. and Thickstun, J.T. (1977) *Modern psychoanalytic concepts in a general psychology*, parts 1 and 2, Psychological Issues Monograph 42/43, New York: International Universities Press.
Rosenfeld, S. (1975) 'Some reflections arising from the treatment of a traumatized child' in *Hampstead Clinic Studies in Child Psychoanalysis*, 47–64, New Haven, Conn.: Yale University Press.
Rubinstein, B.B. (1967) 'Explanation and mere description: a metascientific examination of certain aspects of the psychoanalytic theory of motivation' in R.R. Holt (ed.) *Motives and thought: psychoanalytic essays in honor of David Rapaport*, 20–7, Psychological Issues Monograph 18/19, New York: International Universities Press.
Rutter, M. (1979) 'Maternal deprivation, 1972–1978: new findings, new concepts, new approaches', *Child Development*, 50: 283–305; reprinted in *Maternal Deprivation Reassessed* (2nd edition), Harmondsworth: Penguin, 1981.
Rutter, M. (ed.) (1980) *Scientific foundation of developmental psychiatry*, London: Heinemann Medical Books.
Sameroff, A.J. and Chandler, M.A. (1975) 'Reproductive risk and the continuance of caretaking casualty' in F.D. Horowitz, *et al.* (eds) *Review of Child Development Research*, vol. 4, 187–244, Chicago: University of Chicago Press.
Sander, L.W. (1964) 'Adaptive relationships in early mother–child interaction', *Journal of the American Academy of Child Psychiatry*, 3: 231–64.
Sander, L.W. (1977) 'The regulation of exchange in the infant-caregiver system and some aspects of the context-content relationships' in M. Lewis and L. Rosenblum (eds) *Interaction, conversation and the development of language*, 133–56, New York and London: Wiley.
Sander, L. (reporter) (1980) 'New knowledge about the infant from current research: implications for psychoanalysis', Report of panel held at the Annual Meeting of the American Psychoanalytic Association, Atlanta, May 1978, *Journal of the American Psychoanalytic Association*, 28: 181–98.
Santayana, G. (1905) *The life of reason*, vol.1, New York: Scribner.
Schafer, R. (1976) *A new language for psychoanalysis*, New Haven: Yale University Press.
Schaffer, H.R. (ed.) (1977) *Studies in mother-infant interaction*, London: Academic Press.
Schaffer, H.R. (1979) 'Acquiring the concept of the dialogue' in H.M. Bornstein and W. Kessen (eds) *Psychological development from*

infancy: image to intention, 279–305, Hillsdale, New Jersey: Lawrence Erlbaum.

Schaffer, H.R. and Crook, C.K. (1979) 'The role of the mother in early social development' in B. McGurk (ed.) *Issues in childhood social development*, 55–78, London: Methuen.

Schaffer, H.R., Collis, G.M., and Parsons, G. (1977) 'Vocal interchange and visual regard in verbal and preverbal children', in H.R. Schaffer (ed.) *Studies in mother-infant interaction*, 291–324, London: Academic Press.

Sosa, R., Kennell, J., Klaus, M., Robertson, S., and Urrutia, J. (1980) 'The effect of a supportive companion on length of labour, mother-infant interaction and perinatal problems', *New England Journal of Medicine*, 303: 597–600.

Spiegel, R. (1981) 'Review of *Loss: Sadness and Depression* by John Bowlby', *American Journal of Psychotherapy*, 35: 598–600.

Spinetta, J.J. and Rigler, D. (1972) 'The child-abusing parent: a psychological review', *Psychological Bulletin*, 77: 296–304.

Spitz, R.A. (1945) 'Hospitalism: an enquiry into the genesis of psychiatric conditions in early childhood', *The Psychoanalytic Study of the Child*, 1: 53–74.

Spitz, R.A. (1946) 'Anaclitic depression', *The Psychoanalytic Study of the Child*, 2: 313–42.

Spitz, R.A. (1947) *Grief: a peril in infancy* (film), New York: New York University Film Library.

Spitz, R.A. (1957) *No and yes*, New York: International Universities Press.

Sroufe, L.A. (1983) 'Infant–caregiver attachment and patterns of adaptation in pre-school: the roots of maladaptation and competence', in M. Perlmutter (ed.) *Minnesota Symposium in Child Psychology*, vol. 16, 41–81, Minneapolis: University of Minnesota Press.

Sroufe, L.A. (1985) 'Attachment-classification from the perspective of infant-caregiver relationships and infant temperament', *Child Development*, 56: 1–14.

Sroufe, L.A. (1986) 'Bowlby's contribution to psychoanalytic theory and developmental psychology', *Journal of Child Psychology and Psychiatry*, 27: 841–9.

Steele, B.F. and Pollock, C.B. (1968) 'A psychiatric study of parents who abuse infants and small children' in R.E. Helfer and C.H. Kempe (eds) *The battered child*, 103–45, Chicago: University of Chicago Press.

Stephen, A. (1934) 'On defining psychoanalysis', *British Journal of Medical Psychology*, 11: 101–16.
Stern, D.N. (1977) *The first relationship: infant and mother*, London: Fontana, Open Books.
Stern, D.N. (1985) *The interpersonal world of the infant*, New York: Basic Books.
Strachey, J. (1959), Editor's introduction to the *Standard Edition* of Freud's *Inhibitions, Symptoms and Anxiety, SE* 20, 77–86, London: Hogarth Press.
Stroh, G. (1974) 'Psychotic children' in P. Barker (ed.) *The residential psychiatric treatment of children*, 175–90, London: Crosby.
Strupp, H.H. and Binder, J.L. (1984) *Psychotherapy in a new key: a guide to time-limited dynamic psychotherapy*, New York: Basic Books.
Sulloway, F. (1979) *Freud, biologist of the mind*, New York: Basic Books.
Svejda, M.J., Campos, J.J., and Emde, R.N. (1980) 'Mother–infant bonding: failure to generalize', *Child Development*, 51: 775–9.
Trevarthen, C. (1979) 'Instincts for human understanding and for cultural co-operation: their development in infancy', in M. von Cranach, K. Foppa, W. Lepenies, and D. Ploog (eds) *Human Ethology*, 539–71, Cambridge: Cambridge University Press.
van der Eyken, W. (1982) *Home-start: a four-year evaluation*, Leicester: Home-Start Consultancy (140 New Walk, Leicester LE1 7JL).
Waddington, C.H. (1957) *The strategy of the genes*, London: Allen & Unwin.
Wärtner, U.G. (1986) 'Attachment in infancy and at age six, and children's self-concept: a follow-up of a German longitudinal study', doctoral dissertation, University of Virginia.
Weisskopf, V.F. (1981) 'The frontiers and limits of physical sciences' *Bulletin of the American Academy of Arts and Sciences*, 34.
Wenner, N.K. (1966) 'Dependency patterns in pregnancy', in J.H. Masserman (ed.) *Sexuality of women*, 94–104, New York: Grune & Stratton.
Winnicott, C. (1980) 'Fear of breakdown: a clinical example', *International Journal of Psycho-Analysis*, 61: 351–7.
Winnicott, D.W. (1957) 'Primary maternal preoccupation', in *Collected papers: through paediatrics to psychoanalysis*, 300–5, London: Tavistock.
Winnicott, D.W. (1960) 'Ego distortion in terms of true and false self', reprinted in D.W. Winnicott (1965) *The maturational process and the facilitating environment*, 140–52, London: Hogarth; New York: International Universities Press.

Winnicott, D. (1974) 'Fear of breakdown', *International Review of Psycho-analysis*, 1: 103–7.

Wolkind, S., Hall, F., and Pawlby, S. (1977) 'Individual differences in mothering behaviour: a combined epidemiological and observational approach' in P.J. Graham (ed.) *Epidemiological approaches in child psychiatry*, 107–23, New York: Academic Press.

Zahn-Waxler, C., Radke-Yarrow, M., and King, R.A. (1979) 'Child-rearing and children's prosocial initiations toward victims of distress', *Child Development*, 50: 319–30.

孩子成了家庭的替罪羊

Gillett, R. (1986) 'Short-term intensive psychotherapy – a case history', *British Journal of Psychiatry*, 148: 98–100.

父母使用让孩子产生内疚的方式控制孩子

Griffin, P. (1986) *Along with youth: Hemingway, the early years*, Oxford: Oxford University Press.

孩子遭到父母的身体虐待

（1）来自发展心理学的研究

Crittenden, P. (1985) 'Maltreated infants: vulnerability and resilience', *Journal of Child Psychology and Psychiatry*, 26: 85–96.

George, C. and Main, M. (1979) 'Social interactions of young abused children: approach, avoidance and aggression', *Child Development*, 50: 306–18.

Main, M. and George, C. (1985) 'Responses of abused and disadvantaged toddlers to distress in age mates: a study in the day-care setting', *Developmental Psychology*, 21: 407–12.

（2）临床研究

Hopkins, J. (1984) 'The probable role of trauma in a case of foot and shoe fetishism: aspects of the psychotherapy of a 6-year-old girl', *International Review of Psychoanalysis*, 11: 79–91.

Hopkins, J. (1986) 'Solving the mystery of monsters: steps towards the recovery from trauma', *Journal of Child Psychotherapy*, 12: 61–71.

Lanyado, M. (1985) 'Surviving trauma: dilemmas in the psychotherapy of traumatised children', *British Journal of Psychotherapy*, 2: 50–62.

孩子遭到性虐待

Bass, E. and Thornton, L. (eds) (1983) *I never told anyone: writings by women survivors of child sexual abuse*, New York: Harper & Row.

Herman, J.L. (1981) *Father-daughter incest*, Cambridge, Mass.: Harvard University Press.

Herman, J., Russell, D., and Trocki, K. (1986) 'Longterm effects of incestuous abuse in childhood', *American Journal of Psychiatry*, 143: 1293–6.

致　谢

在过去的十年期间，与学生和塔维斯托克诊所的员工的频繁交流，以及与同事一起就依恋模式在婴儿期和儿童期的发展进行的研究，让我获益良多。我对他们感激不尽，他们常常对我提出有用的建议，有时还会给予必要的指正、刺激和鼓励。我想感谢我的秘书多萝西·萨瑟恩多年来为我提供的无私服务，在这期间她把我的兴趣变成了她的兴趣。

我要感谢莫莉·汤森为促进本书出版所提供的帮助。

本书的前六章在其他出版物中也有出现。我感谢出版者们允许我在这里再次使用它们。第一章是《为人父母：一种精神动力学的视角》一书中的第18章，该书由丽贝卡·科恩、伯特伦·科勒与西德尼·韦斯曼编辑，纽约吉尔福德出版社1984年出版；我曾以“依恋和丧失：回顾与展望”为题，将第二章于1982年发表在《美国矫正精神医学》杂志第52期上（pp. 664-678）；第三章曾被发表在1979年的《国际精神分析评论》杂志第6期上（pp. 3-14），标题是“精神分析：艺术与科学”；第四章曾被发表在1981年的《国际精神分析评论》杂志第8期上

（pp. 243–256），标题是“作为一门自然科学的精神分析”；第五章曾被发表在1984年的《美国精神分析》杂志第44期上（pp. 9–27），标题是“家庭中的暴力：依恋和养育系统的一种障碍”；第六章也是《认知与心理治疗》一书的第六章，这本书由米歇尔·马奥尼和亚瑟·弗里德曼编辑，普兰纳姆出版公司1985年出版，在更早之前，曾被发表在1979年的《加拿大精神病学》杂志第24期上（pp. 403–408），标题同样是“知道了那些你本不该知道的事实以及体验到那些你本不该体验到的感受”。

约翰·鲍尔比